Inhalt

Vorwort 7
Was ein Konzeptbuch kann, soll und will,
was ein Konzeptbuch nicht kann, nicht soll, nicht will 7

1. *Vom Sinn und Unsinn von Konzepten* 11
1.1 Ein Konzept ist 11
1.2 Wie ein Konzept entstehen kann 13
1.3 Konzeptverwirrungen 14
1.4 Vorarbeit für ein Konzept 22
1.5 Konzept und Wirklichkeit 26
1.6 Vom Unsinn eines Konzeptes 27

2. *Ausgangssituationen – Lebenswirklichkeiten – Zukunftsperspektiven* 28
2.1 Kindlicher Alltag gestern, heute, morgen 28
2.2 Elternsein in Vergangenheit, Gegenwart und Zukunft 33
2.3 Vielfältige Familienformen und -strukturen 33
2.4 Kindergarten als familienergänzende und -unterstützende Institution 38
2.5 Trägervielfalt 39
2.6 Der Kindergarten und sein Erziehungsteam 40

3. *Die Öffnung des Kindergartens* 43
3.1 Offen – Öffnung – Offenheit 44
3.2 Offener Kindergarten 45
3.3 Offene Gruppen im Kindergarten 50
3.4 Offene Elternarbeit 54
3.5 Offene Kindergartenarbeit 59
3.6 Öffentlichkeitsarbeit 60

4. *Kindergarten – ein Ort, wo Menschen sich begegnen* 61
4.1 Kinder treffen Kinder 61
4.2 Eltern treffen Eltern 61
4.3 Erwachsene treffen Erwachsene 62
4.4 Professionelle treffen auf Laien 63
4.5 Harmonie und Konflikte – Erwartungen und Forderungen – Probleme und Lösungen 64

5. *Kindergarten als Zentrum* 66
5.1 Im Zentrum steht das Kind 66
5.2 Kindergartenplanung vom Zentrum aus gedacht 67
5.3 Kindergartenträume 69
5.4 Kindergarten als Zentrum der Familie/für Familien 71
5.5 Kindergarten als Zentrum der Gemeinde 74
5.6 Kindergarten als Zentrum des Gemeinwesens 75
5.7 Nachbarschafts- und Selbsthilfe 76
5.8 Kindergarten als Vermittler im Netzwerk sozialer Dienste . 76

6. *Alte und neue „Konzepte" – Methodenvielfalt* 78
6.1 Jean Paul (Friedrich Richter), 1763 bis 1825 78
6.2 Friedrich Fröbel, 1782 bis 1852 79
6.3 Ellen Key, 1849 bis 1926 81
6.4 Maria Montessori, 1870 bis 1952 82
6.5 Rosa Agazzi, 1866 bis 1951 und Carolina Agazzi, 1870 bis 1945 83
6.6 Janusz Korczak, 1878 bis 1942 84
6.7 Situationsansatz 85
6.8 Lebensweltbezogenheit 86
6.9 Vielfalt der Integration 86
6.10 Altersstrukturierung 87

7. *Rahmenbedingungen* 89
7.1 Räumliche Rahmenbedingungen 89
7.2 Personelle Rahmenbedingungen 90
7.3 Finanzielle Rahmenbedingungen 91
7.4 Ausstattung 92
7.5 Ein Gesetz – viele Konzepte – individuelle Lösungen 93

8. *Visionen – Träume* 97
8.1 Prozesse 97
8.2 Der Weg der kleinen Schritte 98
8.3 Erfolge und Rückschläge auf dem Weg zum Sieg – Interviews 99
8.4 Ankommen wird man nie 100
8.5 Fernziel: Der neue Kindergarten 102

Anhang: Auszüge und Zitate aus einschlägigen themenbezogenen Veröffentlichungen 105
Literaturhinweise 139

Vorwort

Was ein Konzeptbuch kann, soll und will, was ein Konzeptbuch nicht kann, nicht soll und nicht will

Mit diesem Buch wird ein weiterer Titel in der Reihe „Konzeptbuch Kindergarten“ vorgelegt. Als Autorin stellt sich mir dabei die Frage, was ein Konzeptbuch kann, soll und will, aber auch was es nicht kann, nicht soll und nicht will. Die Auseinandersetzung mit den Zielen eines solchen Projektes erscheint mir insbesondere deshalb notwendig, damit die Grenzen und Möglichkeiten eines Konzeptes oder einer Konzeption klar verdeutlicht werden und somit falsche Erwartungen und Hoffnungen verhindert werden können.

Viel zu häufig wird die Lösung aller Probleme im pädagogischen Alltag im Konzept gesehen, das aus diesem Grunde dringend erstellt werden soll. Andererseits scheint das Vorhandensein eines Konzeptes – und sei es noch so alt – eine beruhigende Wirkung zu haben. Es wird als Sicherheit, als Gerüst zum Anklammern betrachtet. Dabei wird allerdings vergessen, daß es ein fertiges Konzept nur für den Augenblick seiner Fertigstellung geben kann und somit ein Konzept nur Sinn macht, wenn es im Prozeß bleibt. Natürlich bilden viele Grundstrukturen ein unverzichtbares Gerüst für ein Konzept. Wenn es allerdings lebendig und zeitgemäß bleiben soll, dann muß es immer wieder reflektiert, überprüft, verändert, erweitert oder gar neugestaltet werden.

Es bleibt also die Frage, was kann, will und soll ein Konzeptbuch leisten?

- Es kann Anregungen geben, den pädagogischen Alltag zu strukturieren.
- Es kann informieren über aktuelle Gestaltungsmöglichkeiten im Bereich der Kindertagesstätten.
- Es will Erzieherinnen/Erzieher motivieren, ihre Arbeit darzustellen, sich über ihr Tätigkeitsfeld zu artikulieren.
- Es soll ermutigen, schriftlich festzuhalten, was als das eigene Konzept einer Einrichtung gesehen wird.
- Es soll helfen, die Arbeit im Kindergarten auch für sogenannte „Out-Sider“ durchschaubar zu machen.
- Es will motivieren, sinnvolle Öffentlichkeitsarbeit zu betreiben.

- Es will der Erzieherin/dem Erzieher selbst bewußt machen, wie vielfältig die Arbeit ist bzw. sein kann.
- Es will motivieren, in die Zukunft zu denken und notwendige Innovationen anzugehen.
- Es soll Hilfestellung geben zur Reflexion und ermuntern zum Träumen, Visionen zu entwickeln vom Kindergarten 2010.
- Es will Träger und politisch Verantwortliche ermuntern und ermutigen, überholte Strukturen und Rahmenbedingungen zu verlassen bzw. diese den neuen Anforderungen anzupassen.
- Es ist unverzichtbarer Begleiter auf dem Weg in innovative Betreuungsformen.
- Es verhindert durch seine Prozeßhaftigkeit das „Stehenbleiben" und damit das „Einrosten" sowie den Rückzug nach dem Motto: „Das war schon immer so, und so muß es auch bleiben."
- Es trägt bei zu einer Gesamtschau des frühkindlichen Erziehungsfeldes und bietet damit gute Ansatzpunkte für eine ganzheitliche Erziehung.
- Es ist eine Entscheidungshilfe, eine Orientierungshilfe bei der Schwerpunktsetzung im Erziehungsalltag.
- Es gibt Anstöße für Handlungsstrategien.
- Es hilft, die eigene Professionalität in der Öffentlichkeit darzustellen und ist damit Voraussetzung für Öffentlichkeitsarbeit.
- Es liefert Argumentationshilfen und -grundlagen bei der Darstellung des Kindergartenalltags in den verschiedenen Gremien (Jugendhilfeausschuß, Pfarrgemeinde, Gemeinderat ...).
- Es hilft Verständigungsschwierigkeiten abbauen zwischen Erziehern und Eltern, Erziehern und Trägern, Erziehern und Ausbildungsstätten ...
- Es zwingt zur Diskussion und zum Dialog zwischen allen mit dem Kindergarten befaßten Personen und bildet dabei den roten Faden.

Was ein Konzeptbuch nicht kann, nicht will und nicht soll:

- Es ist keine Rezeptur, die für jeden Kindergarten paßt.
- Es kann Erzieherinnen/Erziehern nicht die Verantwortung abnehmen für das individuelle Konzept ihrer Einrichtung. Sie müssen es selbst entwickeln (und können deshalb nur Impulse aus diesem Buch aufnehmen).
- Es kann Konflikte in der Diskussion um den Kinderalltag nicht lösen, diese aber positiv beeinflussen.
- Es will nicht bestätigen, sondern statt dessen zur kritischen Reflexion des eigenen Erziehungshandelns im Kindergarten anregen.

- Es will keine Beschreibung für den Kindergarten der Zukunft sein, sondern nur Mut machen für innovative Ansätze.
- Es will nicht den Eindruck erwecken, daß der Kindergarten durch totale Umstrukturierung eine neue Form erhalten soll, sondern vielmehr zu einem Innehalten und einer Rückschau auffordern, sowie danach prozeßhafte Veränderungen einleiten.
- Es will nicht ein bestimmtes Konzept verherrlichen, sondern versucht, die verschiedensten Aspekte zu integrieren und damit auf die veränderten Bedürfnisse von Kindern und Familien zu reagieren.

Ingeborg Becker-Textor

1. Vom Sinn und Unsinn von Konzepten

Eine wahrhaft provozierende Überschrift. Leider aber berechtigt, denn – richtig verstanden – sind Konzepte wichtig und unverzichtbar für die Arbeit. Allerdings verlieren sie dann an Sinn, wenn sie nur der Selbstdarstellung dienen und keinen Eingang finden in den Alltag des Kindergartens.

Viele Einrichtungen haben ein schriftliches Konzept – irgendwann einmal zu Papier gebracht. Wenn nachgefragt wird, wie sich denn die Arbeit in der Einrichtung gestalte, dann wird dieses Papier ausgehändigt. Ob das Konzept wirklich noch aktuell ist, wenn es bereits drei oder vier Jahre in die Vergangenheit datiert?

1.1 Ein Konzept ist...

Der Duden – das Herkunftswörterbuch – sagt dazu:

„Konzipieren – eine Grundvorstellung von etwas gewinnen: Verfassen, Entwerfen... Lateinisch Conceptus, das Zusammenfassen; Gedanke, Vorsatz'... Konzept und Konzeption. Das Erstere gilt heute speziell zur Bezeichnung des ersten stichwortartigen Entwurfs eines Schriftstückes, einer Rede u.ä., während Letzteres neben seiner allgemeinen Bedeutung ‚geistiger, künstlerischer Entwurf (eines Werkes)... verwendet wird'."

Demnach bedeutet Konzept die Niederschrift einer Idee, eines Gedankens oder Einfalls und zwar in einer vorläufigen Form. Es kann einem Arbeitspapier gleichgesetzt werden, was noch bearbeitet und stets aktualisiert werden muß. Die Bedeutung Vorsatz sagt aus, daß es sich um eine Absicht handelt, die noch allerlei Umdenken oder Umstrukturierungen erfahren kann.

Aus Antworten von Erzieherinnen, Eltern und anderen Personen auf die Frage: „Was ist ein Konzept?"

A., 50 Jahre, arbeitet seit 28 Jahren im gleichen Kindergarten:

„Konzept, das ist etwas für die jüngeren Kolleginnen, die sich noch orientieren müssen, wo es hingehen soll. Ich brauche kein Konzept. Mein Kindergarten läuft. In einigen Fällen besuchen jetzt schon die Kinder meiner ehemaligen Kindergartenkinder die Einrichtung. Sie sind sehr zufrieden."

„Was soll ich denn bloß aufschreiben.
Ich weiß nicht, was in ein Konzept alles
hinein muß."

S., 25 Jahre, seit einem Jahr Kindergartenleiterin, vorher zwei Jahre Gruppenleiterin:

„Ein Konzept? Ich fände es toll, mein Kindergarten hätte ein Konzept. Ich trau' mich aber nicht so recht ran, weiß nicht wie und wo ich anfangen soll. Meine Kolleginnen kommen ganz frisch von der Ausbildung und erwarten von mir, daß ich die Konzepterstellung in Angriff nehme. Ich wünsche mir eine Fortbildung, bei der ich erfahre, wie ein Grobraster aussehen könnte und wie ich unser individuelles Konzept erarbeiten kann."

K., 32 Jahre, Elternbeiratsvorsitzende, zweites Kind im Kindergarten:

„Ein Konzept? Ich sage es unserem Kindergartenteam immer wieder, daß wir ein Konzept brauchen. Der Nachbarkindergarten hat schon lange eins. Sie vervielfältigen es und geben es allen interessierten Eltern, Bewerbern, Praktikanten... Soviel Arbeit kann ja wohl ein Konzept nicht machen, und außerdem ist es eine einmalige Angelegenheit."

Verschiedene Meinungen und Sichtweisen. Einmal wird die Notwendigkeit eines Konzeptes in Frage gestellt, dann wünscht sich eine junge Erzieherin Hilfe auf dem Weg zum Konzept, und schließlich verlangt eine Mutter nach einem Konzept. Letzteres erinnert an die Forderung nach einem Programm, Wochenplan oder schlichtweg an einen Leistungsnachweis des Kindergartens. Dies kann wohl nicht der Sinn eines Konzeptes sein.

Warten wir bis zum Ende des Buches. Wir werden dann ein recht differenziertes Wissen über mögliche Konzepte haben...

1.2 Wie ein Konzept entstehen kann

Ein Konzept zu entwerfen oder zu entwickeln, bedeutet eine Grundvorstellung von etwas zu gewinnen, eine Grundvorstellung von der Arbeit eines bestimmten Kindergartens. Es gibt Rahmenpläne und -konzepte für Kindergärten, die sich aber meist auf einer allgemeinen Ebene bewegen bzw. nur allgemeine Zielsetzungen und Lerninhalte beschreiben. In diesen Beschreibungen können aber nicht die regionalen Gegebenheiten, die Personalsituation, die Räumlichkeiten, die Ausstattung, die einzelnen Kinder bzw. die Kindergruppe eines jeden Kindergartens berücksichtigt werden. Jedes Konzept muß viele grundsätzliche Aspekte gleichermaßen berücksichtigen, zum Beispiel

- die individuelle Entwicklung der Kinder,
- deren familiäres Umfeld,
- den institutionellen Rahmen.

Schon diese drei Beispiele machen deutlich, daß Konzeptentwicklung nicht einfach ist, daß die Beobachtung und Analyse des gesamten Lebenskontextes Kindergarten unverzichtbare Voraussetzungen sind.

1.3 Konzeptverwirrungen

Ein Konzept ist etwas Vorläufiges, etwas das sich in einem Prozeß befindet. Aber, nicht nur das, es gibt vielfältige Konzepte, die in engem Zusammenhang mit dem Kindergarten bzw. der Arbeit des Kindergartens stehen:

- das Organisationskonzept
- das Personalkonzept
- das Raumkonzept
- das pädagogisch-inhaltliche Konzept
- das methodisch-didaktische Konzept
- das Konzept für die Elternarbeit
- das Konzept für die Öffentlichkeitsarbeit
- das Kooperationskonzept
- das Konzept des Trägers bzw. das „Trägerkonzept“
- das Beziehungskonzept
- das Zeitkonzept
- das Prioritätenkonzept
- das Erziehungskonzept
- ...

Aber auch das (Papier-)Konzept oder das Konzeptpapier. Letzteres könnte auch am Anfang der Aufzählung stehen und zwar in doppelter Hinsicht: Zum einen brauchen wir das Konzeptpapier zum Niederschreiben unserer vorläufigen, prozeßhaften Gedanken, zum anderen müssen wir aber acht haben, daß wir kein „Papierkonzept“ entwickeln, etwas, was wirkungsvoll auf dem Papier steht, aber nur wenig oder keinen Einfluß auf unsere Arbeit hat.

So war zum Beispiel in einer Stellenausschreibung zu lesen:

„Wir suchen für unseren Kindergarten eine aufgeschlossene Erzieherin mit Erfahrung als Gruppenleiterin, die bereit ist, das Konzept unseres Kindergartens zu vertreten und im Sinne dieses Konzeptes zu arbeiten. Interessierten Bewerberinnen schicken wir dieses Konzept gerne zu...“

Wo bleiben da noch Spielräume? Da hat vielleicht vor vielen Jahren jemand ein schriftliches Konzept erarbeitet, und dieses wurde zu einem Absolutum erklärt. Für alle Veränderungen – neue Kinder, neue Eltern, neue Erzieherinnen – bleibt kein Raum für eigene Ideen.

Doch kehren wir zurück zur Aufzählung der verschiedenen Konzepte.

Wenn wir das Leben in einer Kindertagesstätte gestalten wollen, dann brauchen wir alle die genannten Konzepte. Sie werden je nach Situation zwar unterschiedlich gewichtet werden, aber keineswegs überflüssig sein. So wird deutlich, wie vielschichtig ein Konzept ist, zumal wir hierbei noch nicht die Verschiedenartigkeit der Kinder, Eltern, Erzieher, Träger, Lebenssituationen usw. berücksichtigt haben.

Konzept-Verwirrungen? Nein, wir müssen uns nur intensiv mit der Konzepterstellung befassen. Viele dieser aufgezählten „Konzepte" sind uns vorgegeben, was aber keineswegs eine Analyse verhindern darf. Dies wäre gleichzusetzen mit einem unkritischen Akzeptieren der Situation und würde somit prozeßhafte Weiterentwicklung verhindern.

Statt dessen gilt es, jedes Konzept genau unter die Lupe zu nehmen, abzuklopfen, ob es heute noch stimmig ist oder ob es nicht verändert und fortgeschrieben werden muß.

● Beginnen wir mit dem *Organisationskonzept* eines Kindergartens, das vielerlei Inhalte haben kann: So impliziert der Begriff zum Beispiel die „Ordnung von arbeitsteilig und zielgerichtet mitarbeitenden Personen und Gruppen" (Lexikon der Soziologie). Ein Organisationskonzept umfaßt aber auch die Rolle oder Stellung des Kindergartens zu Vereinigungen, Institutionen, Gruppen, Verbänden, sozialen Gebilden oder signalisiert eine Projektorientierung. Es bestimmt und beeinflußt auch das Organisationshandeln, das Organisationsverhalten, bestimmte Abläufe sozialen Handelns von Personen in „ihrer beruflichen, dienstlichen usw. Eigenschaft als Organisationsmitglieder sowie andererseits zielgerichtete oder zumindest koordinierte Aktivitäten von Organisationseinheiten" (Wörterbuch der Soziologie).

Das Organisationskonzept wird aber auch inhaltlich geprägt vom Organisationsziel, das wiederum beeinflußt wird von Personen und Gruppen, die nicht nur ein, sondern mehrere Ziele verfolgen können.

● Das *Personalkonzept* eines Kindergartens unterliegt bestimmten gesetzlichen Bestimmungen – jedoch nicht in Gänze. Gesetzliche Regelungen geben eine Mindestpersonalausstattung vor. Die berufliche Qualifikation ist aber nicht auf einen bestimmten Abschluß hin vorgegeben, sondern bietet dem Träger oder der Leitung eine gewisse Auswahlmöglichkeit. Darüber hinaus kann individuell der Einsatz des Personals geregelt werden. Ein Personalkonzept bietet also trotz Vorgaben Freiräume für die individuelle Ausgestaltung. Häufig kann ein und dieselbe Planstelle mit Absolventen verschiedener Ausbildungen besetzt werden – im Kindergartenbereich zum Beispiel die Stelle der Zweitkraft mit einer Vorpraktikantin, einer Kinderpflegerin, einer Anerkennungspraktikantin (Berufspraktikantin) oder einer Erzieherin. Es ist dann abhängig vom Personalkonzept der Einrichtung, welche Qualifikation für die Stellenbesetzung vorausgesetzt wird. Wird beabsichtigt, den Kindergartenbetrieb relativ kostengünstig aufrechtzuerhalten, dann wird wohl die Vorpraktikantin ausgewählt werden. Überwiegen pädagogische Überlegungen, dann wird als Zweitkraft eventuell die Erzieherin vorgezogen.

Das Personalkonzept kann jedoch niemals isoliert diskutiert oder betrachtet werden, sondern steht im Bezug zu all den anderen Konzepten bzw. Aspekten der Kindergartengestaltung bzw. -arbeit.

● Auch das *Raumkonzept* eines Kindergartens ist trotz aller Gesetze, Verordnungen, Baurichtlinien oder Raumprogramme nichts Statisches. Selbst wenn gebaute Räume vorgegeben sind oder bestimmte Raumnutzungen gesetzlich geregelt werden, bieten sich jeder Einrichtung unendliche Freiräume der Raumgestaltung und für die Entwicklung von Raumkonzepten – allerdings nur, wenn die Verantwortlichen es wollen. Ein enger Bezug zur Personalsituation und dem Personalkonzept ist ebenso gegeben, wie zu den pädagogischen Zielsetzungen, der Zahl oder dem Alter der zu betreuenden Kinder usw.

Raumkonzept heißt aber auch Lebensraum- oder gar Freiraumkonzept. Und es stellt sich die Frage: „Welche (Frei-)Räume braucht, will, entdeckt, nutzt, gewinnt… ein Kindergarten?“ Erzieherinnen, befragt nach ihren Kenntnissen über Raumgestaltung und Kindergarten, über die Bedeutung des Lebensraumes Kindergarten, antworteten:

„Wir haben über Räume nichts gehört. Ja, doch, ein Thema war die Notwendigkeit von verschiedenen Spielecken, um differenziertere Angebote machen zu können bzw. die Kinder zu verschiedenen Aktivitäten hinzuführen. Daß Räume etwas mit Kindheit zu tun haben, das glaube ich schon. Ich hatte als Kind viel mehr Spielräume – auch außerhalb der elterlichen Wohnung und des Kindergartens. Kinder heute? Sie haben eigentlich nur noch kontrollierte und geschützte Räume. Kinder z.B. einfach draußen spielen zu lassen, das ist meines Erachtens heute zu gefährlich!“

- Den Begriff Raumkonzept müßte man deshalb eigentlich noch erweitern um das *Wohnkonzept*. Ist Wohnen auch ein Thema für den Kindergarten?

Der Begriff Wohnen taucht im Zusammenhang mit Kindheit und Kindergarten so gut wie gar nicht auf. So ist es nicht verwunderlich, daß dem Wohnen ebenso wie Einrichtungsgegenständen für Kinder lange Zeit keine besondere Bedeutung zugemessen wurde, sieht man vom Gitterbett, dem Laufstall, dem Hochstuhl und dem „Stühlchen mit dem Töpfchen" einmal ab. All das waren zweckgebundene Einrichtungsgegenstände zur „Gängelung" und „Bewahrung" von Kindern, zur Verhinderung von Kindheit im Sinne eines gesunden Forscherdranges.

Ein Blick in die Aufzeichnungen alter Kindergartenpädagogen bestätigt dies:

„Ringsumher gehen an drei Wänden (da die Eingangsseite für einen verschließbaren Tisch, einige Sitze für Mitglieder des Vorstandes und andere für die Aufsichtspersonen, einen Wandschrank, die Trinkstelle und den Ofen frei blieb) niedere lange Bänke; an zwei Wänden stehen sie doppelt, an der dritten Wand steht der Thüre gegenüber, vor den Bänken ein langer, schmaler, zu mancherlei Beschäftigungen und Spielen der Kinder bestimmter, stets bereit bleibender Tisch mit einigen Schubladen. Die sämtlichen Bänke haben fortlaufende, schmale, in der Mitte etwas vertiefte Rückenlehnen, die, in regelmäßigen Zwischenräumen mit den Nummern von 1 bis 100 versehen, jeden Platz bezeichnen, und da jedes Kind mit einem kleinen, an der Schulter gleichfalls mit einer auf Blech lackierten Nummer versehenen Überwurf bekleidet wird..." (aus: Die Kinderstube der Armenpflege in Stralsund, Rheinische Blätter für Erziehung und Unterricht, herausgegeben von F. A. W. Diesterweg, Juli und August 1835).

Kein Wort über Wohngefühl, Wohlfühlen und die Erziehungskraft bzw. -beeinflussung von Räumen und ihrer Ausstattung oder gar Überlegungen zu einer Raumkonzeption. Starre Einrichtungssysteme der Vergangenheit führten nicht selten dazu, daß Kindergärten alle gleich aussahen bzw. – wenn sie einmal eingerichtet waren – kaum mehr verändert wurden. Das muß sich ändern. Kindergärten brauchen ein Raumkonzept, das sich orientiert an der Lebenswelt, den Bedürfnissen und dem Wohl des Kindes. Dabei sind

- großzügige Spielecken im Raum,
- Rückzugsbereiche,
- Kuschelecken,
- Gemeinschaftszentren für die Kindergruppe,

- Erlebnisecken, die dem natürlichen Forscherdrang der Kinder entgegenkommen,
- Aktionszentren,
- Gestaltungsräume,
- Bewegungsräume usw.

unverzichtbare Elemente. Ein Raumkonzept entwickeln heißt darüber hinaus nachdenken über

- Raumgliederung und Ausstattung,
- Mobiliar und Spielmaterial,
- Raumatmosphäre,
- Verwendung natürlicher Matieralien,
- Erziehungsstil und Erziehungsziele,
- Kindgemäßheit usw.

Leider wird das Raum- und Wohnkonzept in Kindergärten bestimmt von der Erwachsenenperspektive bzw. von dem, was Erwachsene glauben, das Kinder wollen und brauchen. Ob Kinder je befragt werden? Ob Architekten und Raumausstatter sich ausreichend von Pädagogen und Kindern beraten lassen? Kooperation der Betroffenen ist unverzichtbar.

- Das *pädagogisch-inhaltliche Konzept* ist das eigentliche Kernstück bei der Erstellung eines Kindergartenkonzeptes. Die Befassung mit den verschiedenen pädagogischen Theorien und Ansätzen im Elementarbereich ist bei der Erstellung dieses pädagogischen Konzeptes ebenso unverzichtbar wie die Beschäftigung mit den zahlreichen Organisationsphasen der Kindergartenarbeit, den Personen, die die Kindergartenarbeit mitbestimmen. Ein pädagogisches Konzept muß Innovationen ermöglichen, die entwicklungspsychologischen Bedürfnisse berücksichtigen, aber auch auf die oft widersprüchlichen gesellschaftlichen Erwartungen eingehen. Es muß darüber hinaus aufbauen auf den Prozeß der kindlichen Entwicklung, alle Aspekte der Kindergartenarbeit umfassen und die Beziehung Kind–Erzieher einkalkulieren. Vor allem aber muß ein pädagogisches Konzept realisierbar sein, das heißt, es muß offen sein, daß jeder Erzicher selbst eine inhaltliche Konkretisierung vornehmen kann – und das gilt für alle Erzieher in einer Einrichtung.

Perfekte und stringente Vorgaben wären keinerlei Hilfe für die Praxis, sondern eher ein Hindernis. Jede pädagogische Arbeit im Kindergarten darf nicht losgelöst gesehen werden von der individuellen Bedürfnislage der Kinder und Eltern bzw. jeder Kindergartengruppe und den Zielen der Erzieherin. Ein pädagogisches Konzept steht aber auch immer im Kontext zum Raum-, Personal- und Organisationskonzept. Es wird geprägt vom Zeitgeist, der weltanschaulichen oder religiösen Ausrichtung, aktuellen pädagogischen und gesellschaftlichen Zielsetzungen in der Kinder- und Familienpolitik. So ist das pädagogisch-inhaltliche Konzept auch einem stetigen Wandel – von außen bestimmt – unterzogen.

● Im nahtlosen Übergang zum pädagogisch-inhaltlichen Konzept steht das *methodisch-didaktische Konzept* einer Einrichtung. Hier werden Erzieher leider auch zu wenig durch die Ausbildung vorbereitet und auch noch immer unzureichend durch Fortbildungen begleitet und zur Reflexion angeregt.

Während unter dem Begriff *Didaktik* unter anderem die Wissenschaft vom Unterricht, aber auch eine Theorie der Bildungsinhalte und des Lehrplans verstanden wird, sollen in einem didaktischen Konzept des Kindergartens die Bedingungen der „Unterrichtspraxis" (im Kindergarten Angebote oder Beschäftigungen) durchschaubar gemacht, aber auch kritisch hinterfragt werden. Gewonnene Erkenntnisse sollen dann Eingang finden in Beschäftigungsmodelle. In der Theorie der Kindergartenpädagogik wird der Begriff Didaktik meist gepaart mit dem Begriff *Methodik* verwendet – so wird zum Beispiel von methodisch-didaktischen Überlegungen, Zielsetzungen, Vorgehensweisen, gesprochen. Unter *Methodik* wird dabei der Weg verstanden, wie ein gesetztes Ziel erreicht und damit eine Wissenserweiterung beim Kind erreicht werden kann. So verbirgt sich in der Methodik der Kinderbeschäftigung das methodische Vorgehen bzw. das Verfahren oder die angewandten Techniken.

Zu den primären Methoden der Kindergartenarbeit zählen zum Beispiel das Spiel, das Gespräch, das Erzählen, das Singen, das Musizieren... aber ebenso ein demokratischer Erziehungsstil, die Öffnung des Kindergartens, die Kooperation und der Dialog mit den Eltern, mit der Schule, mit sozialen Diensten bis hin zur Gemeinwesenarbeit. Keine dieser Methoden wird jedoch isoliert in der Praxis des Kindergartenalltags angewandt, sondern immer in einer Art „Verbund".

● Ein *Konzept für die Elternarbeit* fehlt in vielen Einrichtungen ganz. Die tradierte Form des „belehrenden" Elternabends dominiert. Gleichzeitig sind Erzieherinnen und Erzieher jedoch unzufrieden und beklagen, daß ihr Elternarbeitsangebot nur von ganz wenigen Eltern angenommen werden würde und daß in den meisten Fällen die „falschen" Eltern kämen. Hier zeigt sich, daß eine Analyse der Situation dringend erforderlich ist, um dann ein für die Einrichtung individuelles Konzept der Elternarbeit zu entwickeln, das dann wiederum Teil einer Kindergartenkonzeption ist.

- Ebenso unverzichtbar ist das *Konzept für die Öffentlichkeitsarbeit*. In der Mehrzahl der Kindertagesstätten reduziert sich Öffentlichkeitsarbeit auf die Informationen an Eltern und eventuell noch Träger und auf kurze Zeitungsberichte über Veranstaltungen des Kindergartens – zum Beispiel das Sommerfest und den dabei erzielten Reinerlös für den Kindergarten. Dies trägt jedoch in keinster Weise zur Information über das Arbeitsfeld Kindergarten in der Öffentlichkeit bei oder steigert die Anerkennung des erzieherischen Berufs im Elementarbereich. Ein Konzept für die Öffentlichkeitsarbeit muß deshalb vorsehen, daß sich der Kindergarten wirklich öffnet, Einblick gewährt und seine Arbeit auch für Außenstehende durchschaubar wird. Sonst dürfen wir uns nicht wundern, wenn selbst Entscheidungsträger in den Kommunalverwaltungen oder anderen Gremien, aber erst recht Bürger, die keine Erfahrungen mit dem Kindergarten haben, dessen Arbeit nicht schätzen beziehungsweise unterbewerten und ihm lediglich die Aufgabe des „Kinderhütens und der Spielerei" zuordnen. Mit seinen Inhalten an die breite Öffentlichkeit gehen kann ein Kindergarten aber erst dann, wenn sein Kindergartenkonzept stimmig ist (Rahmenkonzept) und von allen Beteiligten mitgetragen wird.

- Auch ein *Kooperationskonzept* sollte vom Kindergarten überlegt werden. Es ist wichtig, mit welchen Institutionen, Diensten und Personen der Kindergarten zusammenarbeiten muß, wenn er alle seine Aufgaben zum Wohle von Kindern und Familien erfüllen will. Er ist nur *ein* familienergänzendes und -unterstützendes Angebot, das auch nicht alle Fragen von Familien in puncto Erziehung lösen kann. Der Kindergarten muß sich als Teil des Gemeinwesens, als Glied in einem Verbundsystem der Jugend- und Familienhilfe verstehen. Deshalb gilt es Kooperation aufzubauen und zu pflegen. In der Aufbauphase, das heißt während der Zeit der ersten Kontaktaufnahme mit den verschiedenen Kooperationspartnern, müssen die Mitarbeiter im Kindergarten relativ viel Zeit und Energie investieren. Man muß sich kennenlernen, Beziehungen auf- und Ängste abbauen. Wenn die Kooperation dann funktioniert, dann tritt für alle Beteiligten eine ganz wesentliche Entlastung und Entspannung ein.

- Wie sieht es aber nun mit den Trägern der Kindergärten aus? Gibt es auch ein *Konzept der Träger*? Jeder Träger verfolgt bestimmte Ziele mit „seiner Einrichtung", die er in seinem „Trägerkonzept" festschreibt. Nicht selten wird es alleine bestimmt durch den Träger, ohne Berücksichtigung der Mitarbeiter oder des Klientels einer Einrichtung. Die Konzeption oder Zielsetzung eines Trägers kann aber auch nicht losgelöst von den übrigen Konzepten der Einrichtung sein, sondern muß vielmehr mit diesen in einem plausiblen Zusammenhang stehen. Mit dem Konzept eines Trägers könnte man das *Trägerkonzept* verwechseln. Ein Trägerkonzept ist jedoch übergreifend zu sehen und wird im Kindergartenbereich stark bestimmt von der Kommune, die für die Bereitstellung der notwendigen Kinderbetreuungsangebote verantwortlich zeichnet. So kann ihr Trägerkonzept getragen werden vom Prinzip der Subsidiarität. Das würde bedeuten, daß freie Träger den Vorrang vor den öffentlichen Trägern der Jugendhilfe haben. Es könnte aber auch heißen, daß die Kommune grundsätzlich mehrere Formen der Kinderbetreuung unter einem Dach anstrebt und dieses Konzept auch zu verwirklichen sucht. Hierzu bedarf es einer wohlüberlegten und an den Bedürfnissen des jeweiligen Einzugsbereichs orientierten Jugendhilfeplanung.

- Die verfügbare oder fehlende Zeit ist ein ständiges Gesprächsthema im Kindergarten, aber auch bei Erzieherfortbildungen. Die Erstellung von Dienstplänen gestaltet sich ebenso schwierig, wie die Zeitplanung für Elternarbeit oder Freizeitaktivitäten. Vielleicht könnte ein sinnvolles *Zeitkonzept* da weiterhelfen? Es bedarf vor allem einer „Entrümpelung" der (Pseudo-)Aufgaben, einer Reduzierung auf das Wesentliche in der Kindergartenarbeit, also eines sinnvollen Umgehens mit der Zeit. Viele Erzieherinnen, die ihr Zeitbudget neu ordnen, sind danach erstaunt, wie viele Freiräume sie auf einmal haben. Es lohnt sich also, sich mit einem Zeitkonzept zu beschäftigen.

- Bei den vielfältigen Aufgaben, die ein Kindergarten heute erfüllen muß, heißt es Prioritäten setzen, also ein *Prioritätenkonzept* zu erstellen. Unverzichtbares erhält erste Priorität, aber erst nach gründlicher Überprüfung der Notwendigkeit. Und keine Angst, wenn etwas lang Bewährtes über Bord geworfen wird. Dies heißt nicht, daß es schlecht sei, aber es muß vielleicht durch etwas Aktuelleres abgelöst werden. Es besteht leicht die Gefahr, daß Reflexion zugunsten von Besitzstandswahrung verdrängt wird. Dann fällt es schwer, wirklich Prioritäten zu überlegen. Ein Prioritätenkonzept erstellen heißt, eine Auslese zu treffen, Trennung, Analyse und Neubeginn einen Vorrang einräumen.

- Das *Beziehungskonzept* umfaßt das menschliche Miteinander aller, die sich mit dem Feld des Kindergartens beschäftigen. Kommt es zu einer harmonischen Zusammenarbeit, so läßt sich ohne Reibungsverluste vieles erreichen, was sonst oft endloser Diskussionen bedarf. Gerade in Kindertageseinrichtungen, in denen das menschliche Miteinander der Betreuungspersonen und Eltern Vorbildwirkung für Kinder hat, sollten demokratische kooperative Umgangsweisen miteinander selbstverständlich sein. Bei stark hierarchisierten und zudem gar noch autoritären, bestimmenden Umgangsweisen, wird kaum eine positive dialogische Beziehung entstehen können. Der Kindergarten aber lebt vom Beziehungsgefüge der dort lebenden und wirkenden Menschen.

- Bei allen bisher genannten Konzepten muß immer ein Gesamtkonzept im Auge behalten werden und ganz besonders, wenn es um das *Erziehungskonzept* eines Kindergartens geht. Der Kindergarten ist seit vielen Jahren neben der Familie die wohl wichtigste Sozialisations- und Erziehungsinstanz für Kinder im Alter vor der Schule. Mit seinem Erziehungskonzept muß der Kindergarten deshalb ganz besonders verantwortungsbewußt umgehen. Das Erziehungskonzept des Kindergartens ist ein ganzheitliches Konzept, dessen Leitlinie die gesunde Entwicklung bzw. das Wohl des Kindes ist. Insbesondere die gesetzlichen Vorgaben – meist in Form von Richtlinien oder Verordnungen – bestimmen den Rahmen, innerhalb dem bestimmte Erziehungsziele angestrebt oder erreicht werden sollen. Erziehungsstile spielen dabei eine ganz wichtige Rolle, ebenso aber auch der ganze Komplex der Elternarbeit. An einem Erziehungskonzept des Kindergartens sind viele Menschen beteiligt: Kinder, Erzieher, Eltern, Träger, Freunde des Kindergartens, Lehrer, Personen im Umfeld des Kindergartens, Umwelt usw. Es beinhaltet aber auch viele Faktoren der bereits beschriebenen Konzepte, führt sie zusammen. Da all die beschriebenen Konzepte ganz unterschiedlich sein können, kann es auch niemals ein einheitliches Erziehungskonzept geben.

1.4 Vorarbeit für ein Konzept

Bevor mit der Ausarbeitung eines Konzeptes – und vielleicht auch mit Überlegungen zu einem „neuen Kindergarten“ oder kindergartenähnlichen Betreuungsformen begonnen werden kann, bedarf es einer grundsätzlichen Situations- und Bedarfsanalyse sowie Über-

„Sowas Blödes, wenn Erzieherinnen sich streiten! Dann klappt gar nichts mehr im Kindergarten."

legungen zu den verschiedenen Personengruppen des Kindergartens – in erster Linie Kinder – Eltern – Erzieher. So gilt es festzuhalten,

- welche Kinder besuchen den Kindergarten?

...Kinder verschiedener Altersstufen,
...Kinder verschiedener Nationalitäten,
...Kinder verschiedener Bevölkerungsgruppen,
...Kinder mit verschiedenem Entwicklungsstand,
...Kinder mit unterschiedlichem sozialen Hintergrund
und unterschiedlicher Sozialisation,
...Einzelkinder,
...Kinder aus Mehrkinderfamilien,
...Kinder alleinerziehender Mütter/Väter,
...Kinder aus „Normalfamilien“,
...Kinder aus Scheidungsfamilien,
...Adoptiv- und Pflegekinder,
...Kinder aus Problemfamilien,
...Kinder arbeitsloser Mütter/Väter,
...Kinder aus Familien, in denen Mütter und Väter vollerwerbstätig sind,
...Kinder mit Entwicklungsverzögerungen,
...Kinder mit leichten oder schweren Behinderungen,
...introvertierte oder extrovertierte Kinder,
...kontaktarme Kinder,
...hyperaktive Kinder,
...(laut) auffällige Kinder,
...(leise) auffällige Kinder,
...überbehütete und verwöhnte Kinder,
...geduldige Kinder,
...fordernde Kinder,
...störende Kinder,
...abgeschobene Kinder,
...Wunschkinder,
...angepaßte und gehorsame Kinder,
...trotzige Kinder,
...kreative Kinder,
...einfallslose Kinder,
...körperlich schwache/starke Kinder,
...Kinder, die stundenweise den Kindergarten besuchen,
...Kinder, die ganztägig das ganze Jahr über den Kindergarten besuchen,
...Kinder, die regelmäßig von Mutter/Vater gebracht/abgeholt werden,
...Kinder, die von ständig wechselnden Personen
gebracht/abgeholt werden,
...Kinder, die alleine kommen und gehen...

- Aus welchen Familien kommen die Kinder? Aus

... Normalfamlien,
... Problemfamilien (Sucht, Alkohol u.a.),
... Scheidungsfamilien,
... Alleinerziehenden,
... am Kindergarten interessierten Familien,
... Familien, die den Kindergarten als reinen Dienstleistungsbetrieb oder Aufbewahrungsort verstehen,
... an Elternbeirat, Elternmitsprache und -mitwirkung interessierten Familien,
... Familien ohne erkennbares Erziehungskonzept,
... Familien mit den verschiedensten Erziehungsstilen,
... kognitiv-leistungsorientierten Familien,
... sozial und kognitiv schwachen Familien,
... Familien mit verschiedenem sozialen und materiellen Hintergrund,
... Familien mit verschiedenen weltanschaulichen und religiösen Einstellungen,
... ausländischen Familien,
... Aussiedlerfamilien usw.

Im Rahmen einer Fortbildung zur Konzeptentwicklung wurde von den Erzieherinnen festgestellt, daß die Zahl der sogenannten „Normalfamilien" zunehmend niedriger würde.

- Auch die Situation der Erzieherinnen und Erzieher bedarf einer Analyse, denn auch sie bringen ganz unterschiedliche Familienerfahrungen ein, sind geprägt durch Erziehungskonzepte, denen sie selbst ausgesetzt waren, kommen selbst aus belasteten Familiensituationen, haben möglicherweise auch Partnerprobleme, stellen überhöhte Anforderungen an sich selbst und die Arbeit oder betrachten ihre Arbeit im Kindergarten gar als Job. Gerade junge Erzieherinnen und Erzieher stecken selbst noch oft im Loslösungsprozeß vom Elternhaus oder organisieren erst seit kurzer Zeit ihr Leben selbst (und sind dadurch nicht selten überfordert).

- In welche Situation geraten Erzieherinnen und Erzieher in ihrer Rolle zwischen Kind und Mutter/Vater?

... Es wird von ihnen eine vielfältige Entscheidungskompetenz erwartet bzw. zugemutet.
... Sie sollen konsequentes Erziehungsverhalten zeigen.
... Eltern und Kinder verlangen nach Anerkennung und Bestätigung.
... Sie müssen ihr Erziehungsverhalten reflektieren und auf den Alltag abstimmen.
... Sie müssen Grenzen setzen.

...Sie sind oft hilflos und überfordert durch die Vielfalt der Aufgaben und Erwartungen.
...Sie werden zur erzieherischen „Feuerwehr", zur ersten Anlaufstelle, die Familien unterstützt und berät.
...Sie müssen sich von der Familienberatung distanzieren, ohne dabei Mütter/Väter zu verletzen.
...Sie brauchen Geduld und müssen zuhören und abwarten können.
...Sie sollen Eltern verstärken, ihnen Anregungen geben für die Erziehung ihrer Kinder und suchen selbst nach Bestätigung.
...Sie sollen Zeit haben für die Fragen und Probleme der Eltern, und gleichzeitig kommen viele neue Aufgaben in der Arbeit mit den Kindern auf sie zu usw.

Unter diesen Gegebenheiten verwundert es nicht, daß Erzieherinnen sich gegen jede neue Aufgabe wehren (oder gegen Veränderungen), aus der Befürchtung heraus, daß die Arbeit anstrengender und die Zeit noch knapper wird. Allerdings wird dadurch auch mancher Versuch des Umdenkens oder Anders-Machens im Keim erstickt und manche Erleichterung so auch nicht wahrgenommen. Gerade in der Zusammenarbeit mit Eltern, dem Wunsch der Eltern, den Kindergarten auch für Elternmitwirkung zu öffnen, hört man nur zu oft: „Auch das noch. Was sollen wir denn noch alles tun?" Erzieherinnen, die neue Schritte gewagt haben, erklären dagegen: „Warum sind wir nicht schon früher auf die Idee gekommen? Der Alltag gestaltet sich jetzt viel schöner und viel reibungsloser."

Viele, viele Gesichtspunkte, die, erst einmal bewußt gemacht, Ausgangsbasis für die Konzepterstellung sein können. Die Arbeit kann beginnen. Halt, wir brauchen noch die klare Formulierung des Zieles, das wir anstreben wollen. Denn erst dann können wir Tempo, Methoden, Wege – nämlich die, die uns dem Ziel näher bringen können, einschlagen. Das Ziel dürfen wir trotz aller Kinder, die es zu „bewältigen" gilt, nicht aus dem Auge verlieren. Es wird in seiner Gänze zwar nie erreicht werden können, aber das darf nicht entmutigen, sondern muß statt dessen motivieren!

1.5 Konzept und Wirklichkeit

Ein Konzept, das auf vorher beschriebener Basis aufbaut, läßt sich auch zielgerichtet verwirklichen. Nur wenn ein Konzept auch Anwendung finden kann, Hilfe bietet, entspricht es den Bedürfnissen der Praxis. Schöne Beschreibungen von Traumzielen helfen wenig, wenn der Realitätsbezug fehlt. Es braucht aber den Traum und die Vision, immer im Kontakt zur Wirklichkeit. So gilt es z.B. zur Zeit zu überprüfen, ob die traditionellen Formen (Konzepte) der Kindertageseinrichtungen noch der aktuellen Wirklichkeit entsprechen, ob Gesetze und Verordnungen nicht längst geändert werden müßten, also den tatsächlichen Situationen hinterherhinken. Vor allem aber muß die Ausbildung auf die Familien- und Kindheitswirklichkeit reagieren. Eine Herausforderung an Ausbildungskonzepte?!

Ein Beispiel aus der Lehrerfortbildung: „Ich referierte vor Lehrkräften an Fachschulen für Kinderpflege über das Berufsbild der Kinderpflegerin und ihre Arbeitsbereiche. Großes Erstaunen über die Vielfalt der Arbeitsfelder und die Feststellung, daß die Ausbildung ja gar nicht auf diese Einsatzbereiche vorbereiten würde."

1.6 Vom Unsinn eines Konzeptes

Auch hierzu muß einiges gesagt werden. Ein Konzept, das die Tatsachen (Situation der Beteiligten ebenso wie die Rahmenbedingungen) unberücksichtigt läßt, wird wohl kaum ausgefüllt bzw. in die Praxis umgesetzt werden können. Ein visionäres Gesamtkonzept zu erstellen mag zwar bei der Zielformulierung behilflich sein, muß aber mit Tatsachen verknüpft werden. Im Anhang des Buches finden sich Auszüge aus verschiedenen Konzepten, die durch ihre Unterschiede deutlich machen, daß Individualität gefragt ist, daß Ausgangspunkt die jeweilige Einrichtung und die mit ihr lebenden Menschen sein müssen. Dann bekommt ein Konzept einen Sinn und kann zum lebendigen Begleiter einer Einrichtung werden. Ansonsten ist es unbrauchbar.

2. Ausgangssituationen – Lebenswirklichkeiten – Zukunftsperspektiven

Ganz gleich, ob es sich um ein Konzept für den aktuellen Erziehungsalltag oder Zukunftsperspektiven für eine Kindertagesstätte im Jahr 2010 handelt, Basis bildet immer die *Ist-Situation.*

2.1 Kindlicher Alltag gestern, heute, morgen

Gestern, heute, morgen sind drei Begriffe, die in engstem Zusammenhang miteinander stehen und in ihrer Bedeutung für den Menschen auch nicht auseinanderdividiert oder voneinander isoliert werden können. Die Erfahrungen von gestern haben mächtigen Einfluß auf das Heute und das Heute ebenso auf das Morgen. Gerade in der Pädagogik begegnen wir immer wieder dem Phänomen, daß es neue Erfindungen kaum gibt. Vielmehr gibt es Weiterentwicklungen, die jedoch bei genauer Betrachtung meist nur eine Aktualisierung von längst Dagewesenem sind. Der Kindergarten ist dafür ein ausgezeichnetes Beispiel.

Blicken wir zurück in die Entstehungszeit der ersten Kindergärten, so stellen wir fest, daß viele Einrichtungen entstanden sind, um zum einen die Kinder vor den Gefahren des aufkommenden Verkehrs zu schützen, und zu verhindern, daß Kinder schon sehr früh zu Schlüsselkindern werden, um Kindern von berufstätigen Müttern eine Bleibe während der häuslichen Abwesenheit der Eltern zu geben, um alleinerziehende Mütter, die z.B. während des Krieges arbeiten mußten, da ihre Männer an der Front kämpften oder gar gefallen waren, bei der Betreuung, Bildung und Erziehung zu unterstützen. Über diesen Auftrag der Kinderbetreuung konnte selbst der Fröbelsche „Bildungskindergarten“ nicht hinwegtäuschen. Es gab also schon immer Kinder, die eine ganztägige Betreuung brauchten, und Kinder, die eine Einrichtung nur wenige Stunden am Tage besuchten, um eine familienergänzende Förderung zu erhalten. Ein kindlicher Alltag, der seit vielen Jahrzehnten unverändert ist und auch in der Zukunft die Arbeit in Kindertageseinrichtungen bestimmen wird.

Wie war die Situation der Kinder früher (und daraus ableitbar die Aufgaben der Kindertageseinrichtungen?) *Aries* beschreibt die Ge-

„War das früher schön, da konnte man noch draußen spielen!"

schichte der Kindheit und zeigt vor allem auch die Schattenseiten früherer Zeiten auf. Heute scheinen Kinder alles zu haben – so heißt es wenigstens –, aber es fehlt ihnen viel. In welch einer Welt werden sie zukünftig leben? Denken wir nur an die Zerstörung der Umwelt, Luftverschmutzung, Ozonloch, zerbrochene Familien...?

Einige Menschen beschreiben ihre Kindheit:

Frau S., heute 88 Jahre alt: „Mein Vater war Musikprofessor, und wir waren fünf Kinder daheim. Wir wohnten in einer Villa mit prachtvollem Garten, und das Fräulein kümmerte sich um uns Kinder. Mutter kochte. Für das Spülen, Putzen und Waschen hatten wir eine Frau. Ein Gärtner versorgte die Außenanlage. Jeden Nachmittag saß Mutter am Klavier und übte. Auch wir Kinder spielten sehr früh Instrumente, und dann wurde jeden Tag nach dem Abendessen eine Stunde Hausmusik gemacht. Vater war sehr stolz darauf. Das gehörte zu einer guten Familie. Noch vor der Geburt des sechsten Kindes starb meine Mutter. Großmutter kam zu uns und führte ein sehr strenges Regiment. Freiräume hatten wir kaum. Kinder-garten/Schule, Anstandsunterricht, Musikstunden, Konversation, Unterricht im Malen... Ich erinnere mich, daß ich oft traurig aus dem Fenster in unseren herrlichen Garten blickte. Wie schön wäre das Herumtollen gewesen. Einmal durften wir mit dem Fräulein eine Woche aufs Land fahren zu ihren Eltern. Das ist eine meiner schönsten Kindheitserinnerungen! Den ganzen Tag durften wir draußen spielen..."

Herr A., 55 Jahre alt: „Meine Kindheit war geprägt durch die Ereignisse des Zweiten Weltkrieges. Mein Vater war sehr bald eingezogen und starb später in russischer Kriegsgefangenschaft. Meine Mutter nahm jede Arbeit an, um uns Kinder durchzubringen. Noch heute bewundere ich ihre Engelsgeduld, die sie am Abend noch für uns aufbrachte, obwohl sie selbst schon todmüde war. Wir Kinder spielten nahezu den ganzen Tag unbeaufsichtigt in einem Hinterhof. Bei einer Nachbarin konnten wir – wenn wir Hunger verspürten – das Brot abholen, das Mutter dort für uns hinterlegt hatte. Wir spielten Krieg, Flucht – eben all das, was wir in unserem kurzen Leben schon erfahren hatten. Wir kletterten aber auch in den Ruinen herum und spielten mit nicht immer ungefährlichen ‚Kriegsresten'. Trotz aller Entbehrungen und unserer berufstätigen Mutter hatten wir eine wunderschöne Kindheit."

Frau T., 46 Jahre alt: „Meine Kindheit fiel in die Nachkriegsjahre. Ich lebte mit meinen Eltern in einer zu 90% zerbombten Großstadt. In einer Ruine (einem Hinterhaus) war die ehemalige Waschküche erhalten. Diese hatte mein Vater renoviert und hier lebten wir. Um zur Straße zu gelangen, mußten wir über einen Hof mit Schuttbergen und dann durch eine Ruine. Tagsüber war ich mit meiner Mutter alleine daheim. Wir versuchten, unser Heim so schön wie möglich zu gestalten. Wir schleppten den Schutt aus dem Hof in die Ruine. Die kleinen Reste siebten wir mit einem Bausieb durch. Die gewonnene ‚Erde' benutzten wir dann zum Anlegen von Gemüsebeeten und kleinen Blumenrabatten. Es entstand ein richtiges kleines Paradies. Die wenigen Einkäufe, die wir machten, führten Mutter und mich mit einem kleinen Leiterwagen durch die ganze Stadt – Kohlen, Kartoffeln, etwas Gemüse. Die Abende waren wunderbare Erzählstunden – insbesondere im Winter. Mutter und ich kuschelten auf dem Sofa, und sie erzählte Märchen und Geschichten, bis der Vater von der Arbeit nach Hause kam und wir aus Sparsamkeitsgründen erst das Licht anmachen konnten. Spielzeug? Wenig. Eine alte Puppe aus Mutters Kindheit, ein Holzpuppenwagen von Vater für mich gebastelt – die Seitenflächen bildeten zwei hölzerne Herzen – und einige kleine Holzfiguren vom Vater aus Ästen geschnitzt. Bilderbücher?

Großvater malte auf Postkarten und großes Papier die schönsten Szenen für mich, vom Markt, die Fahrt mit der Pferdekutsche usw. Es war eine spannende und erlebnisreiche Kindheit. Die Ferien verbrachten wir auf dem Lande. Und heute? Meine beiden kleinen Nichten und andere Kinder fragen immer wieder, wie war's denn, als du ein Kind warst? Bitte erzähl davon, das war so schön."

Peter, 6 Jahre alt: „Nie kriege ich, was ich will, meine Freunde haben viel mehr Spielzeug und Monsterfiguren. Und dann fliegen die immer in Urlaub. Ich hätte richtig Lust, mir neue Eltern zu suchen, halt solche, wo man alles kriegt. Ich darf auch nicht draußen spielen. Meine Mutter sagt, das sei zu gefährlich. Menschenskinder, aber drinnen ist es doch so total langweilig. Höchstens Fernsehen und Video. Das ist Spitze! Knall knall, peng peng, und wenn das Blut so richtig spritzt und die Fetzen fliegen. Klasse!"

Alex, 6 Jahre alt: „Wenn man ein Kind ist, das ist toll. Da kann man so ziemlich machen, was man will. Es ist einfach so. Aber noch lieber wäre ich ein Kind viel früher gewesen. Da wären noch nicht so viele Bäume kaputt gewesen, man hätte besser draußen spielen können – ohne Ozon und saueren Regen. Die Kinder hatten vielleicht nicht so viele Spielsachen. Aber sich Sachen zum Spielen suchen und tolle Dinge sammeln, das ist wunderbar. Ich habe eine Glitzersteinsammlung und Federn und gepreßte Pflanzen. Im Urlaub fahren wir immer wohin, wo Kunst ist. Meine Eltern wollen das. Ich mag das auch. Einmal hab' ich sogar in einem Museum richtig gemalt. Jetzt hängt das Bild in meinem Zimmer. Daß man viel Sport machen kann, ist auch gut. Ich mache Tennis, Schwimmen, Rollschuhlaufen, Schlittschuhlaufen und Skifahren. Ganz schön viel. Aber das geht ja nicht alles zur gleichen Zeit. Das ist auch gut so. Für alles, was man machen will, gibt es auch noch Kurse, richtige Kinderkurse. Manchmal dürfen auch Mütter mit."

So unterschiedlich gestaltet sich Kindheit innerhalb weniger Jahre. Die Kindheitsumstände und -erfahrungen sind aber wichtig für all das pädagogische Handeln und auch für das Planen neuer Formen der

„Dreck, Gestank, Autos, Beton, Spielen für Kinder verboten!"

Kinderbetreuung. Was würden Kinder wollen und brauchen. Vielleicht im Jahre 2000 oder noch 10 Jahre später? Wird Kindheit dann noch mehr eingeengt und verplant sein? Natürlich lassen sich viele Spekulationen anstellen. Vielleicht ...?

2.2 Elternsein in Vergangenheit, Gegenwart und Zukunft

In einer großen deutschen Tageszeitung war kürzlich zu lesen: „Elternsein ist heute schwieriger denn je. Eltern brauchen eine Vielzahl von Hilfen, wenn ihnen Erziehung gelingen soll ..." Sicher hat sich viel verändert – was auch die Berichte von Erwachsenen und Kindern deutlich machten. Eltern waren schon immer in der Erziehung der Kinder gefordert. Früher wurde die Erziehung in wohlhabenden Familien häufig Kinderfrauen, Gouvernanten, Hauslehrern übertragen, die für mustergültige Kinder Sorge zu tragen hatten. Das schloß Probleme aber keineswegs aus. Heute haben wir es mit sehr engagierten Eltern zu tun, die sich einmischen wollen und aktiv mitarbeiten, daneben aber auch mit gleichgültigen Eltern und solchen, denen es um das „Wegorganisieren" ihrer Kinder geht. Sie fordern ganztägige Kinderbetreuung, sorgen sich wenig um Qualität.

Alle Einrichtungen stehen in der Verantwortung, für das Wohl der Kinder Sorge zu tragen. Das ist gut so. Zukunftsweisend ist wohl die Gruppe der engagierten Eltern, denn sie sind es, die den neuen Typ der Einrichtung suchen und brauchen: Den Kindergarten als Familien- und Gemeinwesenzentrum, bei dem Eltern nicht draußen vor der Tür bleiben müssen, sondern wirklich Partner der Erzieher werden zum Wohl der Kinder.

2.3 Vielfältige Familienformen und -strukturen

Obwohl Eltern heute stärker kindzentriert sind, gibt es nicht *die* einheitliche Familie, die sich gleichermaßen engagiert mit der Erziehung des Kindes befaßt. Das führt dazu, daß die verschiedenen Familienformen und -strukturen berücksichtigt werden und ihre Bedürfnisse Eingang finden müssen in die neuen Konzepte von Einrichtungen. Die Familien sind so unterschiedlich – wie bei der notwendigen Analyse zur Erstellung eines Konzeptes am Anfang des Buches bereits geschrieben. Familie ist aber auch kaum ein Thema in der Ausbildung. Langsam findet zwar der Bereich der Elternarbeit Platz, aber das ist noch lange nicht genug.

„Unser Papa ist fort. Wie soll Mama alles schaffen?"

An einigen aktuellen Beispielen läßt sich aufzeigen, warum der Kindergarten der Zukunft anders sein muß, als wir ihn heute kennen.

Mehr als 100000 Kinder pro Jahr sind von der Scheidung ihrer Eltern betroffen. Jeder Kindergarten betreut Kinder aus Scheidungsfamilien (von getrennt lebenden Eltern). Circa 1,3 Millionen Kinder unter 18 Jahren wachsen in Teilfamilien, circa 1 Million in Stieffamilien auf. So ist es unabdingbar, daß Erzieher über die besondere Lebenssituation und die speziellen Probleme dieser Kinder und ihrer Eltern informiert sind.

Auf die Erzieher kommen viele neue Fragen zu, die noch vor wenigen Jahren kaum Aktualität hatten. Den Betroffenen muß im Rahmen der Kindergartenarbeit das entsprechende Verständnis und die notwendige Unterstützung und Hilfe entgegengebracht werden. Erzieher brauchen Wissen und Kontakt über bzw. mit den verschiedensten Beratungsdiensten, aber auch Hilfen, die im Gemeinwesen rund um den Kindergarten zu finden sind. Die Erzieher sind aber auch gefordert, andere Schwerpunkte in ihrer Arbeit zu setzen. Sie müssen vor allem die Kinder beobachten bzw. auf die Signale von Eltern und Kindern achten.

Signale der Kinder können sein:

- Das Kind kann sich in der Bringsituation sehr schlecht vom Elternteil trennen, hat Angst, daß es abends nicht wiederkommt.
- Das Kind will abends nicht mehr nach Hause.
- Das Kind verhält sich sonderbar, wenn ein anderes Kind von beiden Elternteilen gebracht oder abgeholt wird.
- Das Kind erzählt beim Montagskreis nicht mehr vom Wochenende oder erwähnt nur noch einen Elternteil, erzählt Phantasiegeschichten.
- Wenn von einer intakten Familie erzählt wird, schaltet das Kind ab oder reagiert auffällig.
- Wenn beim Puppenspiel Trennungssituationen dargestellt werden, verhält sich das Kind abwehrend, stört, hält sich die Ohren zu und ähnliches.
- Das Kind sucht besonders viel emotionale Zuwendung und Körperkontakt; es will mit der Erzieherin allein sein.
  usw.

Aber auch die Beachtung der Signale von Eltern ist wichtig. Signale der Eltern können sein:

- Ein Elternteil geht der Erzieherin aus dem Weg, hat keine Zeit für Gespräche, kommt und geht schnell wieder, besucht nicht mehr den Elternabend.
- Nur noch ein Elternteil holt bzw. bringt das Kind in den Kindergarten.
- Ein Elternteil holt das Kind spät ab, hält sich lange im Kindergarten auf, möchte angesprochen werden.

- Ein Elternteil bittet um Hilfe im Umgang mit dem plötzlich so schwierigen Kind.
- Ein Elternteil will sich mit der Erzieherin über das veränderte Verhalten des Kindes unterhalten.
- In die Familie werden keine Kinder mehr nach Hause eingeladen, das Kind darf andere Kinder nicht mehr besuchen.
- Ein Elternteil wirkt verstört, gestreßt usw.

Kleine Kinder können die Bedeutung und Ursachen der Trennung ihrer Eltern und die damit verbundenen Veränderungen aber nur ansatzweise verstehen. Viele Kinder sind nach der Trennung aggressiv und zerstörerisch, während andere mit Rückzug, Depressivität, Verlust an Interessen und Apathie reagieren. Sie entwickeln leicht Schuldgefühle, weil sie sich für die Trennung ihrer Eltern verantwortlich halten (grundlos). Unter starken Loyalitätskonflikten leidend, fühlen sie sich zwischen den Eltern hin- und hergerissen. Sie reagieren mit Symptomen wie Einnässen, Einkoten, Regression, Schlafstörungen, Trennungsangst usw. Jungen leiden unter der Scheidung ihrer Eltern meist mehr als Mädchen und Kinder mit Geschwistern.

Hat diese Problematik der Kinder Platz in unseren Kindergärten? Hier gilt es umdenken und vielleicht eine Bilderbuchbetrachtung abzusetzen zugunsten eines Gespräches über Verlust, Trauer, Sehnsucht. Für Erzieher wird es wichtiger denn je, das Blickfeld zu erweitern und die gesamte Familie und ihr soziales Umfeld in ihre Überlegungen und in die Arbeit einzubeziehen. Die Reaktionen aller Mitglieder einer Gruppe stehen in wechselseitiger Beziehung und bedingen einander. Das Verhalten des einzelnen kann nur im Kontext des Verhaltens aller Personen verstanden werden. Die Reaktionen der von Scheidung und Wiederheirat betroffenen Kinder und Erwachsenen sind sehr unterschiedlich und werden sich im Verlauf des Scheidungszyklus immer wieder verändern. Da nahezu alle Kleinkinder unter diesen Situationen leiden, brauchen sie im Kindergarten die Hilfe ihrer Erzieher. Es können jedoch keine Rezepte für den Umgang mit diesen Kindern und ihren Eltern gegeben werden – jeder Fall ist einzigartig. Seine Charakteristika können nur durch gründliche Beobachtungen und ausführliche Gespräche erfaßt werden. Die Behandlungsstrategie muß den Eigenarten des jeweiligen Falles entsprechen und wird deshalb auch einzigartig sein. Bevor Praxisüberlegungen, wie der Kindergarten generell mit diesen Kindern umgehen und ihren Eltern helfen kann, beschrieben werden soll, muß angemerkt werden, daß aufgrund der Vielzahl von Scheidungen, Teilfamilien und Stieffamilien die Befassung mit den verschiedenen Familienformen und -ereignissen zu den allgemeinen Aufgaben des Kindergartens gehört. Die Einfühlung in die Lebenswelt der Kinder setzt das Erfassen der Vielfalt von Lebensformen voraus.

Ein Kindergartenalltag, der bestimmt wird von sich aneinanderreihenden kognitiven Beschäftigungen, wird kaum Platz haben, in dieses breite Beziehungsfeld einzusteigen. Vielleicht ist es deshalb notwendig, daß die Arbeit des Kindergartens umstrukturiert wird, daß wir eben neue Ansätze in der Kinderbetreuung einführen, die Raum bieten, anders auf Kinder und ihre Familien einzugehen.

Die zunehmende Zahl arbeitsloser Eltern ist ebenfalls zu berücksichtigen. Arbeitslosigkeit führt neben einer Verschlechterung der materiellen Situation einer Familie meist auch zu erhöhten psychischen Belastungen, Verlust an Ansehen, Krisen und anderen Problemen. Finanzielle Schwierigkeiten treten besonders dann auf, wenn keine oder nur niedrige Ansprüche an die Arbeitslosenversicherung bestehen. Dennoch sind die finanziellen Probleme leichter zu bewältigen, als die mit der Arbeitslosigkeit verbundenen psychosozialen Belastungen. Die Zeitstrukturen in der Familie verändern sich, der Tagesablauf hat weniger klare Einschnitte, Feierabende und Wochenenden werden kaum noch wahrgenommen. Viele Arbeitslose wissen nicht, wie sie die ihnen zur Verfügung stehende Zeit auf sinnvolle und befriedigende Weise verbringen können. Einige entwickeln neue Hobbies oder nutzen Weiterbildungsmöglichkeiten bzw. Angebote von Kirchen, Verbänden oder auch des Kindergartens.

Die Arbeitslosigkeit eines Elternteils führt zu Veränderungen in der Familie. Mag ein arbeitsloser Vater seine Frau im Haushalt oder bei der Kindererziehung entlasten, können seine Kinder für ihn eine neue Bedeutung erlangen. Viele arbeitslose Väter nutzen ihre „freie Zeit" jedoch nicht für Familientätigkeiten. Oft erleben sie eine Verschiebung familialer Macht hin zur Seite ihrer Frauen, insbesondere, wenn diese die finanzielle Sicherung der Familie übernehmen. Für die Kinder kann die ständige Anwesenheit des Vaters auch eine ungewohnte Kontrolle bedeuten. Die daraus resultierenden psychischen Belastungen können sich z.B. in Konflikten und Krisen äußern. Die familiäre Kommunikation leidet in der Regel unter diesen Belastungen. Auch führen die häufigen Auseinandersetzungen (unter Umständen mit Gewaltanwendung) zu einer Beeinträchtigung des körperlichen und seelischen Wohlbefindens aller Familienmitglieder. Die Scheidungsgefahr wächst.

Zitat eines siebenjährigen Mädchens zur Arbeitslosigkeit ihres Vaters:

„Erst war's toll, als mein Papa immer daheim war. Dann hat er Bier getrunken und sogar manchmal die Mama geschlagen, wenn sie mit ihm geschimpft hat. Jetzt hat er wieder Arbeit. Vielleicht trinkt er kein Bier mehr und schlägt die Mama nicht mehr. Sie braucht ja nicht mehr zu schimpfen ..."

Viele längerfristig arbeitslose Eltern fallen ihren Kindern gegenüber in eine gewisse Gleichgültigkeit, sind überfordert und mit der eigenen Situation beschäftigt. So kommt es häufig zu einer Vernachlässigung der Erziehung. Die Beziehung der Kinder zum arbeitslosen Elternteil verschlechtert sich. Es kommt zu Verhaltensauffälligkeiten bis hin zu Lernstörungen der Kinder. Die Eltern zeigen aber dann meist wenig Bereitschaft zur Kooperation mit dem Kindergarten oder mit der Schule, weil sie Angst haben, ihre eigene Situation darlegen zu müssen. Nicht selten kommt es dazu, daß Eltern bei Eintreten der Arbeitslosigkeit unter irgendeinem Vorwand ihr Kind abmelden, daß sie ihr Kind alleine schicken oder nur noch ganz selten zum Kindergarten oder zu einem Elternabend kommen, daß die Kindergartenbeiträge nicht mehr regelmäßig gezahlt werden. Eltern scheuen auch zurück, in dieser Situation einen Antrag zur Kostenübernahme beim Jugendamt zu stellen.

Erzieher in Kindertageseinrichtungen werden vor ganz neue Aufgaben gestellt. Sie müssen handeln, auf die Probleme der Kinder und Familien reagieren. Das richtige „Handwerkszeug" fehlt jedoch meist, obwohl die Problematik nicht neu ist. Sie wurde bisher nur nie in ihrer vollen Tragweite erkannt und entsprechend thematisiert. Oft liegt es an einer unbewußten Abwehrhaltung, daß die sich aus der Arbeitslosigkeit ergebende Problematik von Erziehern nicht gesehen beziehungsweise erkannt wird. Auf was soll der Kindergarten denn auch noch Rücksicht nehmen, was soll die Erzieherin noch alles tun?

Diese wenigen Beispiele mögen deutlich machen, daß wir heute nicht mehr von *der* Familie ausgehen können. Und dies führt zu einer besonderen Herausforderung nicht nur für die Kindertageseinrichtung, sondern für alle Institutionen und Angebote, die sich mit Kindern und deren Familien beschäftigen.

2.4 Kindergarten als familienergänzende und -unterstützende Institution

Wenn die Kindertagesstätten alle Familien in der Erziehung ihrer Kinder ergänzen und unterstützen wollen, dann müssen sie viele neue

Wege gehen, Ideen haben, experimentieren, auf unkonventionelle Art und Weise mit ihren Eltern zusammenarbeiten. Mir ist bisher keine befriedigende Definition für die Begriffe familienergänzend und -unterstützend bekannt. Alle Welt spricht davon, doch jeder versteht etwas ganz anderes darunter.

„Familienergänzende Erziehung. Was meinem Kind in der Familie möglicherweise abgeht (wer stellt dies fest?), soll der Kindergarten ergänzen? Ebenso doch wohl auch umgekehrt. Man sagt mir immer wieder, der Kindergarten würde familienergänzend arbeiten, das heißt doch wohl, daß er einen pädagogischen Mangel der Familien ausgleichen will. Bei Huppertz habe ich gelesen: ‚Das Verhältnis zwischen Erzieherin im Kindergarten und Eltern ergibt sich aus einem Defizit der Familie.' Ich hätte schon gerne gewußt, welche Defizite die Erzieherin in unserer Familie sieht. Wenn mein Kind vom Kindergarten berichtet, dann erscheint es mir, daß auch wir in der Familie viele Defizite ausgleichen müssen. Ich würde den Erzieherinnen schon gerne sagen, was meinem Kind abgeht. Einen Versuch habe ich gestartet. Was man mir sagte? Wir können uns nicht um jedes Kind kümmern, die Gruppen sind einfach zu groß" (Becker-Textor 1991).

Ergänzungs- und Stützmaßnahmen können nur greifen, wenn sich Erzieher und Eltern als Partner verstehen, bereit sind, sich gegenseitig zu öffnen und gemeinsam Wege zu finden, die den Erziehungsprozeß positiv beeinflussen.

2.5 Trägervielfalt

Was hat nun die Trägervielfalt mit dem Konzept eines Kindergarten 2010 zu tun?

Die Mehrzahl der Kindergärten in den alten Bundesländern liegt in der Hand freier Träger und wird geprägt von den jeweiligen Zielvorstellungen dieser Träger oder deren Trägerverbände. So verstehen manche Träger die Kindertagesstätte als reine Bildungseinrichtung oder als ein stundenweises Angebot für Kinder auf dem Weg zur Schule. Andere sehen in der Kindertagesstätte die Chance, ihre religiösen oder weltanschaulichen Zielsetzungen in die Kindererziehung und Familien einzubringen. Wieder andere vertreten Kooperationsmodelle zwischen professionellen Erziehern und Laien (Eltern). Und nicht zuletzt gibt es Träger, die Kinderbetreuung als Ganztagsbetreuung anbieten, so daß Mütter voll berufstätig sein können. Letztere haben oft auch wenig Verständnis, wenn die Erzieher mehr Zeit für die so notwendige Vorbereitung oder Elternarbeit einfordern. So vertreten sie nicht selten die Meinung, daß man das doch alles können müsse, wenn man erst mal eine Ausbildung und dann sogar noch einige Jahre Berufserfahrung hätte. Ob sie je über die Vielfalt der Bedürfnisse von Kindern und Familien nachgedacht haben? So erstaunt es auch nicht, daß es Kindergärten gibt, in denen die Mitarbeiter keine Verfügungszeit haben, oder Kindergärten, in denen 10 Stunden Vorbereitungszeit pro Woche die Regel sind.

Da wo das Personalkonzept eines Kindergartens unterschiedliche Entscheidungen zuläßt, klaffen oft die Notwendigkeiten nach Fachpersonal und die Bereitschaft, dieses auch einzustellen, auseinander. So gibt es Kindertagesstätten, die ausschließlich mit Fachpersonal – auf allen Planstellen – ausgestattet sind, aber auch ebenso Kindertagesstätten, die Planstellen mit einer Praktikantin besetzen. Daß dies zu einer unterschiedlichen Qualität der Arbeit führt, wurde bereits beim Personalkonzept näher beschrieben.

2.6 Der Kindergarten und sein Erziehungsteam

Die Arbeit eines jeden Kindergartens steht und fällt mit dem dort arbeitenden Erziehungspersonal. In der Überschrift wurde der Begriff Erziehungsteam bewußt gewählt, da die Qualität eines Teams von festangestellten Mitarbeitern/Mitarbeiterinnen auch noch stark beeinflußt wird von der Bereitschaft und Qualität der Kooperation z.B. mit Eltern, Fachkräften aus anderen Institutionen.

Es ist schwer, ein Erziehungsteam zu bilden, doch muß es eine Zielsetzung sein. Oft sind Praxisberatung oder Supervision wichtige Stützmaßnahmen auf dem sehr schwierigen Weg. Deshalb wäre es für die Zukunft wünschenswert, daß viel mehr Träger bereit wären, ihren Mitarbeitern und Mitarbeiterinnen im Kindergarten diese Möglichkeit einzuräumen und dies auch finanziell zu unterstützen. Einzelsupervision, für die sich vielleicht die eine oder andere Erzieherin selbst entscheidet, kann nicht als die zu favorisierende Lösung angesehen werden. Vorrang muß die Teamsupervision haben oder Angebote der institutionellen Praxisberatung oder Teamfortbildung. Es erschwert die Arbeitssituation, wenn sich nur ein Teammitglied *fort*-bildet, also neue Sichtweisen und Fortschritte erzielt, sich vom bisherigen Standort fortbewegt. Dieser Erzieher/diese Erzieherin kann dann nur schwer die eigene Erfahrung aus der Fortbildung wirklich an das Team weitergeben. Sie kann Wissen vermitteln, Informationen weitergeben. Die eigenen durchlaufenen Prozesse während der Fortbildung oder Supervision bleiben ihr „Eigentum“. Sie kann „darüber re-

„Die Erzieherinnen reden dauernd über den Kindergarten!“

den", aber deshalb machen die Kollegen und Kolleginnen diese Erfahrungen nicht wirklich selbst durch.

Viele Träger und Trägerverbände verhindern aber auch solche Teamfortbildungen aufgrund mangelnder Fortbildungskapazitäten und -mittel. Für manche Einrichtung wäre jedoch eine einmalige zwei- oder dreitägige gemeinsame Fortbildung wesentlich gewinnbringender, als wenn jede Erzieherin eine Veranstaltung nach eigener Wahl besucht. Vielfach wählt sie dann nämlich ihr „Lieblingsthema" aus und entzieht sich Veranstaltungen, die ihr zu einem Stück Selbsterfahrung und Reflexion verhelfen würden.

Kindergartenteams, die Erfahrungen mit Teamfortbildung oder -supervision gemacht haben, wollen nicht mehr davon weg und berichten, daß sich die Arbeit in ihrer Einrichtung zum Positiven verändert hätte. Bei den Aufgaben, die täglich neu auf den Kindergarten zukommen, ist Teamfortbildung ein unverzichtbares Instrument, ebenso wie bei der Überwindung der „Selbstschutzargumente": „Was sollen wir Erzieher denn noch alles tun?..."

In einem Interview äußerten sich Erzieherinnen zur Konzepterstellung und zur Teamarbeit bzw. dem Erziehungsteam:

„Wie in jedem Team war das große Problem, das vorgebracht wurde, ‚die Zeit' – die auch ich als wichtigen Faktor sah. Wir waren uns schnell einig, eine Konzeption zu erstellen, wenn wir regelmäßig einen Freitagnachmittag im Monat dafür freibekommen könnten... Ich sehe meistens in erstaunte Gesichter, wenn ich erzähle, daß wir eine Konzeption haben. Viele Kolleginnen können sich wenig darunter vorstellen. Oft höre ich: ‚Ich finde eine Konzeption zwar gut, aber wir haben leider keine Zeit!' oder: ‚Wenn ich mir Eure einmal ausleihen könnte...'...Das ganze Team steht heute vielmehr hinter unserem pädagogischen Handeln. Durch unsere konfliktreichen Auseinandersetzungen lernten wir, unsere Erziehungsziele genau zu begründen und zu argumentieren. Unser ganzer Erziehungsalltag hat sich damit harmonisiert, ist angenehmer und kindgerechter geworden. ...Meine Sichtweise als Erzieherin – gegenüber Kindern, Eltern, der eigenen Person – hat sich verändert. Ich arbeite viel spontaner, bin flexibler geworden und werde sehr viel stärker gefordert. Allerdings fühle ich mich auch nicht als ‚Lehrende', sondern viel stärker als vorher als ‚Lernende' und als Partner des Kindes. Die vielen Gespräche im Team, auch konfliktreiche Auseinandersetzungen, trugen zu meinem Wachsen bei und bildeten wichtige Voraussetzungen für Veränderungen ...Ich bin sicherer geworden. Ich kann meinen persönlichen Standpunkt besser und glaubhafter nach außen hin vertreten. Ich habe aber auch besser meine persönlichen Grenzen und die Grenzen der Arbeit im Kindergarten kennengelernt. Auch bin ich kritischer geworden, zum Beispiel gegenüber dem Träger, der Schule usw...." (Becker-Textor/Kappesz/Vocke, 1990).

3. Die Öffnung des Kindergartens

Die Öffnung des Kindergartens ist wohl eines der „heißesten" und umstrittensten Themen in der derzeitigen Betrachtung der Kindergartenpädagogik. Die Fachwelt scheint sich klar darüber zu sein, daß eine Öffnung notwendig ist, hält diese für wünschenswert, spricht von Öffnung nach außen und innen ... Wenn die Diskussion aber auf den Punkt gebracht wird und es darum geht, nicht mehr länger nur *über* die Öffnung des Kindergartens zu diskutieren, sondern dies in die Praxis wirklich umzusetzen, so hat sich in den letzten Jahren erschreckend wenig verändert. Einige Einrichtungen haben eine Öffnung wirklich vollzogen, die größere Zahl hat zwar vielleicht Hospitationstage eingerichtet, aber „öffnet" sich damit nur an bestimmten Tagen und keineswegs in ihrem Gesamtkonzept oder in der Darstellung der Arbeit nach außen.

1993 berichtete mir eine Mutter von der Anmeldung ihres Kindes in einen Kindergarten in einer deutschen Großstadt:

„Ich habe mir in allen Kindergärten, die in vertretbarer Entfernung zu unserer Wohnung liegen, einen Gesprächstermin geben lassen. Sechs Kindergärten. Ein Kindergarten davon sagte, ich könne am Nachmittag vorbeikommen. Sie hätten keinen besonderen Gesprächstermin, und außerdem wollten sie, daß interessierte Eltern den Kindergarten kennenlernen sollten, bevor sie sich entscheiden, ihr Kind dort anzumelden. Sie würden keine besonderen Situationen schaffen – damit der Kindergarten einen besonders guten Eindruck hinterlassen würde –, sondern den Regelalltag zeigen.

In einem anderen Kindergarten bekam ich gar keinen Termin, da nur Kinder der anderen Konfession aufgenommen würden. In einem weiteren sagte man mir, daß Kinder aufgrund der Wartelisten erst mit viereinhalb Jahren aufgenommen werden könnten und daß es keine Sonder- oder Härtefallregelungen gäbe. So blieben mir noch drei Kindergärten mit Terminen. Beim einen sagte ich den Termin ab, nachdem ich mehrmals am Kindergarten vorbeigegangen war und das Erzieherverhalten beim Spiel im Freien beobachten konnte. Der Erziehungsstil war mir zu autoritär, die Kinder wirkten auf mich eingeschüchtert. Die beiden verbleibenden Kindergärten besuchte ich. In einem erhielt ich im Flur ein Anmeldeformular, das solle ich ausfüllen und am ... wieder bringen. Dann würde entschieden, ob ich einen Platz bekäme. Ich bat, mir den Kindergarten anschauen zu dürfen und vielleicht auch für eine Stunde hierbleiben zu können. Hierbleiben, das ginge nicht – wegen der Versicherung. Umschauen ja, aber nicht in den Gruppenräumen. Das würde die Kinder ablenken. Der Kindergarten war wunderschön aufgeräumt – die Räume, die ich mir anschauen konnte – und wirkte insgesamt steril. Ich konnte mich nicht so recht begeistern. Jetzt blieb mir noch ein Kindergarten. Eine freundlich resolute Leiterin begrüßte mich und zeigte mir den Waschraum, Gymnastiksaal, Garderobe, und durch ein Fenster durfte ich auch in einen Gruppenraum schauen. Dann saßen wir im Büro. Die Leiterin sprach mit mir über Formalitäten, Impfungen, Kosten, Turnbeutel, Kinderkrankheiten ... und stellte mir einen Platz in Aussicht. Ich fragte, ob ich nicht auch die Gruppenleiterin kennenlernen könnte. Sie antwortete mir, daß ich dazu ja noch zwei bis drei Jahre Zeit hätte, denn so lange ginge mein Kind ja in den Kindergarten. Ich verließ den Kindergarten etwas seltsam berührt. Im letzten Kindergarten fragte ich nach dem Konzept, bzw. was denn an so einem Kindergartentag alles gemacht bzw. wie dieser verlaufen würde. Ich erhielt keine konkrete Antwort. Über eine Mutter erfuhr ich später, daß sich die Leiterin nach mir erkundigt hätte, daß ich mich jetzt schon in die Kindergartenarbeit einmischen würde und mein Kind noch nicht einmal da sei. Jetzt war mir nur noch der Kindergarten ohne Terminvereinbarung verblieben. Heute geht mein Kind dorthin. Wir fühlen uns wohl, sind als Eltern willkommen. Unser Kind will keinen Vormittag dort versäumen. Die Nachmittage verbringen wir oft zusammen dort. Auf Anregung der Erzieherin biete ich einmal pro Woche für interessierte Mütter einen Malkurs an. Auch unser nächstes Kind – es ist gerade unterwegs – werden wir dort anmelden. Hoffentlich besteht dann immer noch der gleiche positive Teamgeist!"

3.1 Offen – Öffnung – Offenheit

„Offen: ... gehört zu der Wortgruppe von auf. Ableitung offenbar, deutlich, klar, ersichtlich, eindeutig"... Dazu offenbaren ‚offen zeigen, enthüllen, kundtun', Offenbarung ‚Kundgabe, Bekenntnis...', Offenheit ‚Aufrichtigkeit, Freimut...', öffentlich ‚allgemein, allen zugänglich, für alle bestimmt ...' Öffnung ‚offene Stelle, Loch, Lücke, Mündung'..." (Duden, Herkunftswörterbuch, 1993).

Es war wieder einmal interessant, den Blick in ein Herkunftswörterbuch zu werfen. Soviel steckt in den genannten Begriffen, und alles hat auch eine ganz wesentliche Bedeutung für den Kindergarten. Alle Begriffe um das Wort „offen" bedeuten nicht eine einmalige Öffnung, offene Angebote dreimal im Jahr, sondern vielmehr müssen sie Klarheit, Deutlichkeit, Offenheit als eine Selbstverständlichkeit in den Kindergarten bringen. Offenheit und Öffnung lösen auch bei vielen Menschen Ängste aus. Sie sind bereit, sich zu öffnen, aber nur bis zu einem bestimmten Punkt. Öffnung ja, aber nicht ganz. Je mehr positive Erfahrungen ein einzelner gemacht hat, desto mehr wagt er sich und Dinge offen zu machen. Nur „wer nicht wagt, der nicht gewinnt", sagt ein altes Sprichwort. So bedarf Offenheit auch ein Stück Mutes, einer gewissen Zielstrebig- und Prozeßhaftigkeit. Vor allem aber ist die Bereitschaft zum Um- und Weiterdenken unverzichtbar, die Bereitschaft, neue Schritte zu wagen und auch Fehler zu machen. Jeder neue Schritt birgt anfänglich noch Unsicherheit in sich, und es dauert einige Zeit, bis man neue Sicherheit gewonnen hat. Doch dann muß bereits der nächste Schritt kommen.

3.2 Offener Kindergarten

Wird der offene Kindergarten die Einrichtung für Kinder und Familien im Jahr 2010 sein? Im Januar 1991 wurde mein Beitrag: „Der offene Kindergarten – Ort der Begegnung – Zentrum des Gemeinwesens – ein Gespräch im Jahre 2010" als Leitartikel in ‚kindergarten heute' veröffentlicht. Viele interessierte und engagierte Erzieherinnen und Verbandsvertreter reagierten sofort. In vielen Fortbildungen referierte ich zu diesem Thema. Die Erzieherinnen fühlten sich ermutigt und unterstützt. Aber das war nur eine Seite. Ebenso viele (ich denke vielleicht sogar noch mehr) blockten ab und lehnten diesen Ansatz sofort ab – ohne auch nur näher darüber nachgedacht oder gar einen Versuch gemacht zu haben. Veränderung tut immer etwas weh, muß man sich doch von etwas trennen, von dem man geglaubt hat, daß es das Richtige sei. Veränderung bedeutet wieder einen Schritt aus der Sicherheit in die Unsicherheit, ist also damit eine Herausforderung an die eigene Person. Dennoch, die Saat aus der Diskussion „Offener Kindergarten" ist vielerorts aufgegangen. Viele Einzelkämpfer haben ihre Stellen gewechselt und sich mit Gleichgesinnten zusammengetan. Sie tragen so ganz wesentlich zur Weiterentwicklung des Kindergartenwesens und anderer Betreuungsformen für Kinder bei.

Einige Auszüge aus dem genannten Beitrag:

„Man schreibt das Jahr 2010. Viele Diskussionen gehören der Vergangenheit an. In Lehrbüchern zur Geschichte der Pädagogik und des Kindergartens findet man Berichte über die Kinderladenbewegung, die verschiedensten Methoden des Frühlesens, über Vorschulmappen und Trainingsprogramme, den Situationsansatz, die Kinderhausbewegung, den Erziehernotstand, die Debatte ‚Zweijährige im Kindergarten'. Es ist dies alles Geschichte geworden – Geschichte der frühen Kindheit, Geschichte der Pädagogik, Geschichte des Kindergartens. Die alten Klassiker der Frühpädagogik, wie zum Beispiel Pestalozzi, Fröbel oder Montessori sind wieder ein Stück weiter in die Vergangenheit gerückt. Es gibt immer weniger

Menschen, die sich mit deren Gedankengut beschäftigen oder deren Gedankengut gar bewußt in den praktischen Erziehungsalltag umsetzen.

Heute macht der offene Kindergarten als Ort der Begegnung Schlagzeilen. Etwas ganz neues? Es wird der Ansatz einer kind- und familienorientierten Pädagogik vertreten, es kommt zu einer Erweiterung der Sichtweise von der Familie hin auf Nachbarschaft und Gemeinwesen. Man ist begeistert von der neuen Idee, vergißt den Blick zurückzuwerfen. Bei genauer Analyse müßte man nämlich feststellen, daß es eine gänzlich neue Pädagogik zu keiner Zeit gegeben hat, daß jeder unserer großen Pädagogen auf irgendeinen Klassiker zurückgegriffen, einen seiner Gedanken aufgenommen und dann im eigenen Sinne weiter- oder auch zurückentwickelt hat. Alles hat es irgendwann einmal gegeben . . . : Die Strickschule für Mütter, die Mütterschulen, die Wohnstubenerziehung, die Bewahranstalt, den Kindergarten, das Kinderhaus, die Orte für Kinder, den Bildungskindergarten, den Kindergarten als therapeutisches Mittel usw. Habe ich Sie ein bißchen neugierig gemacht? Möchten Sie wissen, wie sich vielleicht die Pädagogik des Kindergartens und der Kindergarten schlechthin gestalten werden? Wie wird ein Kindergarten als Ort der Begegnung, als Zentrum des Gemeinwesens wohl aussehen? Wie wird es sein im Jahr 2010?

Zu diesem Zeitpunkt wird es für alle Kinder einen Kindergartenplatz geben, und – vielleicht – weitere Formen der Kinderbetreuung werden sich entwickelt haben. Der Kindergarten wird also jede Familie erreichen, woraus ihm eine ganz zentrale Bedeutung als Kommunikations-, Informations- und Begegnungszentrum für Familien zukommen wird. Alle Familien, also Eltern und Kinder, aber auch Großeltern und andere Personen aus dem familiären oder nachbarschaftlichen Umfeld, werden mit dem Kindergarten in Kontakt kommen . . .

Sonnenstraße 12, in einer mittleren Großstadt. Noch vor wenigen Jahren war unter der Adresse ein kleiner, recht desolater Park zu finden. Er hatte sich mehr zu einem Treffpunkt für Landstreicher als zu einem Erholungs- und Begegnungsraum für alte Menschen und Familien entwickelt. Der Sandkasten war unsauber und den Gesundheitsbehörden ein Dorn im Auge. Die Kommune hatte den Spielplatz im Rahmen ihrer Ortsplanung geschaffen, weil der Stadtteil einen Spielplatz brauchte. Heute ist hier in dem ehemaligen Park ein architektonisch sehr interessantes Gebäude mit sehr unterschiedlich und differenziert gestalteten Außenanlagen. Um ein Zentrum reihen sich eine Vielzahl kleinerer und größerer Nebengebäude. Teils gehen sie ineinander über, teils haben sie trotz Verbindungstüren auch ihren eigenen Eingangs- und Außenbereich. Über dem Haupteingang wird ein großes Schild von einer Kletterpflanze überwuchert und ist kaum zu lesen. Es könnte vielleicht heißen: ‚Kinder und Familien – Treffpunkt für alle'. Dreht man sich um und wirft einen Blick auf das Außengelände, so entdeckt man große Rasenflächen, Spielplatzbereiche mit Geräten für unterschiedliche Altersstufen, Sandkästen, winzige Schrebergärten mit nur zwei bis drei Beeten, Sitzgruppen mit Bänken und Tischen,

„Bei uns ist Platz für alle: Mamas, Kinder, Papas, Babies, Omas, Opas ....!"

transportable Sitzgelegenheiten, Menschen verschiedenen Alters sind hier aktiv oder genießen ein sonniges Plätzchen. ... Beim Blick durch das Bürofenster sehe ich eine Gruppe von Kindern. Sie scharen sich um eine alte Frau und hören ihr gespannt zu. Eine Märchenerzählerin? Doch jetzt interessiert mich zuerst einmal das Zentrum. ... Wissen Sie, vor 10 Jahren entstand als erstes hier der Kindergarten. Vom Park sollte nämlich viel Fläche erhalten bleiben, als grüne Lunge für die Bürger im Stadtteil. Aber ich sage Ihnen, es kam gar keiner hierher, höchstens abends oder nachts. Abfall und leere Bierflaschen lagen dann herum. Unser Kindergarten, ein ganz normaler Regelkindergarten, wurde sehr gut angenommen. Es fehlten auch viele Kindergartenplätze im Stadtteil. Vom ersten Tag an praktizierten wir hier Formen der offenen Elternarbeit. Gleich von Anfang an sollten die Eltern eingebunden werden, denn wir wollten familienergänzend und nicht familienersetzend arbeiten. Es begann damit, daß wir nach der baulichen Fertigstellung eine Kindergruppe aufnahmen, um gemeinsam mit ihr und den Eltern die Räume einzurichten, die Spielmaterialien auszupacken, Aufbewahrungsorte festzulegen oder sie auch gleich zu erproben. ... Nach einer Woche wurden die nächsten Kinder aufgenommen. Die zuerst gekommenen sahen sich jetzt schon als Assistenten von uns Erwachsenen, mit allem sozusagen vertraut. Dann war unser Kindergarten fertig. Mit den Eltern hatten sich in dieser Zeit – auch ohne Elternabende – gute Kontakte entwickelt. ... Wir planten die weitere offene Zusammenarbeit, Hospitationsmöglichkeiten, Elternmitarbeit – jedoch nicht zum Zwecke der Personaleinsparung, sondern vielmehr als Bereicherung unserer Arbeit. Es kam nicht selten vor, daß Väter oder Mütter sogar Urlaubstage im Kindergarten zubrachten. ... Aber jetzt befindet sich doch hier nicht nur ein Kindergarten. Wie kam es zum weiteren Ausbau dieses Zentrums und welche Betreuungsformen haben sich hier etabliert?

Wir reden eigentlich nicht viel darüber, für uns ist unser heutiges Zentrum nämlich schon ganz selbstverständlich. Die erste Ausweitung begann damit, daß im Sommer häufig ältere Leute am Zaun stehen blieben, zu uns in den Garten schauten und sogar unsere Kinder beim Anlegen ihrer Gemüsebeete berieten. Oder sie setzten sich auf die Bank gegenüber. Eines Tages meinte ein Kind: ‚Meiner Omi ist es immer zuviel, den Weg zweimal zu gehen, darum setzt sie sich bei gutem Wetter immer auf die Bank, bis der Kindergarten wieder aus ist. Die Frau M., die da auch immer sitzt, die wohnt bei uns im Haus, ganz alleine, wir schleppen ihr immer ihre Einkäufe. Können wir sie nicht einmal hereinholen? Meine Oma kann prima erzählen, alles ohne Buch, und Frau M., ich weiß nicht, aber irgendwas kann sie bestimmt auch.‘ Nach Rücksprache mit dem Träger und Zerstreuung (nahezu) sämtlicher Bedenken, richteten wir in Zusammenarbeit mit dem Altenklub regelmäßig einen Seniorennachmittag ein. Viele Kollegen hatten anfangs Angst vor möglicher Mehrarbeit. Die Befürchtung traf nicht ein. An den Vorbereitungen und der Gestaltung beteiligten sich die Mitglieder des Altenklubs. Deren Arbeit und das Engagement hatten wir alle unterschätzt – sie entwickelten sich nämlich zu den eigentlichen Organisatoren. Sie können die Kinder fragen, es gefällt ihnen. Die Senioren erzählen von früher, lesen vor, spielen und singen mit den Kindern, helfen bei einfachen Handarbeiten oder reparieren so manches Spielzeug. Peter sagt immer, daß Herr M. der beste Handwerkeropa sei, den es gibt.

Als es dann darum ging, ein Altenbegegnungszentrum im Stadtteil zu planen, entwickelte sich das Projekt sehr schnell in Richtung des Parks an der Sonnenstraße 12 und unseres Kindergartens. Separat, aber angebaut, entstanden Räume für die Begegnung älterer Menschen – gleichzeitig wurden aber auch Verbindungstüren geschaffen.

Mittlerweile gibt es hier auch eine Krippe, einen Kinderhort, eine Hausaufgabenstunde, eine Erziehungs- und Familienberatungsstelle, einen Müttertreff, einen Frauentreff, eine Alleinerziehendengruppe und sogar so etwas wie eine kleine Schrebergartenanlage. ... Bei der Stadtverwaltung, dem Planungsreferat, dem Sozialreferat, dem Jugendamt, der Altenhilfe, da war man schnell auf uns aufmerksam geworden. Unser Zentrum hatte Aufsehen erregt. Es kam zu vielen gemeinsamen Sitzungen, Gesprächen, Fachdiskussionen und vor allem Finanzdebatten. Viele Förderpläne verlangten nämlich die totale Eigenständigkeit der einzelnen Einrichtungen und tolerierten nicht einmal die enge Nachbarschaft. Dies heißt es zu überwinden und die Zustimmung für ein offizielles Modell bzw. Experiment zu gewinnen. So kam es, daß der ganze Park für unsere Familien ‚verplant' wurde. Alles ist dicht beieinander und doch getrennt. Türen und offene Kooperation schaffen Verbindungen. Einsamkeit und Isoliertsein gibt es hier für keinen mehr. Und warum der Kindergarten noch immer das Zentrum, das Herz des ganzen ist? Er wird als Einrichtung hundertprozentig angenommen und bietet Platz für jedes Kind im entsprechenden Alter. So kann jede Familie erreicht werden – frühzeitig, wenn präventive Maßnahmen familienunterstützend helfen können.

Die Außenflächen, die Spielwiese, die kleine Schrebergartenanlage gehören uns allen. Es ist entspannend zuzusehen, wenn unsere Kinder mit den alten Hobbygärtnern fachsimpeln und abzählen, an wessen Stock die meisten Tomaten hängen. Wenn dann die Kinder berichten, daß bei Herrn K. schon die Rosen blühen, bei Herrn S. aber noch nicht... Personalprobleme? Wir haben ausreichend Bewerbungen. Vielleicht liegt es daran, daß man in andere Bereiche überwechseln kann. Warum nicht auch einmal mit älteren Menschen arbeiten? Ich glaube, viele Erzieherinnen wollen nicht für immer in Krippe oder Kindergarten sein. ... Wir haben nie Langeweile. Wir brauchen keine Sonderprogramme zur Sozialerziehung, zur Behebung der Probleme von Einzelkindern. Unser Zentrum macht Begegnungen möglich, läßt aber auch zu, daß man sich zurückzieht. Nicht jede ältere alleinstehende Frau will Babysitter oder Märchenerzählerin werden. Sie kann das ganze Treiben auch nur beobachten und entscheidet selbst, ob sie sich zu einer Aktivität gesellen will oder nicht. Ebenso die Kinder. Immer wieder bieten wir aber auch gemeinsame Veranstaltungen an, sind dann eine große Familie. Dann ist es unwichtig, ob jemand alt oder jung, alleinerziehend, Einzelkind, Kleinkind oder Schulkind, Vater oder Mutter ist. Wir erleben viel zusammen und nehmen diese Erlebnisse wieder mit in unseren ganz individuellen Lebensbereich. Der Schriftsteller Tschingis Aitmatow sagte einmal: ‚Alles, was der Mensch in der Kindheit erfährt, erleidet, alle Schmerzen, aller Kummer, alle Entdeckungen bleiben für immer erhalten. Sie sind der Nährboden für die Phantasie, für Erinnerungen und menschliche Beziehungen zur eigentlichen Wirklichkeit seines Lebens.' ... Die räumliche Nähe der so verschiedenen Betreuungsformen und unser Ziel, familienunterstützend und familienergänzend zu arbeiten, machen Koordination und Kooperation jedoch unentbehrlich. In den regelmäßig stattfindenden Kooperationssitzungen und Gesprächsrunden finden sich alle verantwortlichen Leiter und Vertreter der einzelnen Bereiche zusammen – auch Kindersprecher, Elternbeirat, Seniorenrat. Dann wird gemeinsam geplant und umgesetzt. Jedem von uns wird hier viel abverlangt, insbesondere Offenheit, Bereitschaft und Engagement, Einsatz und Verantwortung.

... Im Jahr 2010. Es ist faszinierend, was dann vielleicht möglich sein wird. Wäre das nicht eine Chance zur Auflösung der Isolation junger Familien, Alleinerziehender, alter Menschen? Sind dies nicht Wege zueinander? Vielleicht müssen wir gar nicht mehr 20 Jahre warten, bis sich ein derartiges Konzept verwirklichen läßt..." (Becker-Textor, 1991).

3.3 Offene Gruppen im Kindergarten

Wie die ganz aktuelle Diskussion um offene Arbeit im Kindergarten zeigt, rückt bei der Arbeit in offenen Gruppen immer wieder der Gedanke an Chaos oder Kinderläden in den Blickpunkt. Während der Jahre 1970 bis 1980 leitete ich einen Kindergarten in einer deutschen Großstadt. Während dieser 10 Jahre praktizierte ich selbst die Arbeit mit offenen Gruppen. Auch ich war damals von vielen Unsicherheiten geplagt: Nicht wegen des Konzeptes der offenen Gruppen, sondern wegen der ständigen Angriffe von außen, bis hin zu der für meine Einrichtung zuständigen Aufsichtsbehörde und Fachberatung. Mein Träger, die Eltern, die Kinder, Erziehungswissenschaftler der Universität, sie alle gaben mir den Rückhalt und bestärkten mich darin, daß unser gemeinsames Konzept richtig sei.

Ich war schon lange nicht mehr im Kindergarten tätig, als ich 1985 zum ersten Mal wagte, etwas über diese Konzeption zu veröffentlichen. Heute schaue ich zufrieden zurück. Es war richtig, was ich damals gewagt hatte. Alle meine Mitarbeiterinnen und Praktikantinnen sind in der Arbeit einen ähnlichen Weg gegangen. Und sie sind auch heute noch ebenso überzeugt und erfolgreich im Bereich der Kinderbetreuung tätig. Hier der Bericht:

„Bereits während des Baues des Kindergartens kam es zu ständigem Austausch zwischen dem Architekten und mir. So wurde die bauliche Konzeption entlang einer pädagogischen Grundkonzeption entwickelt und stets miteinander in Einklang zu bringen versucht. Dies war möglich, da der Kindergarten als Bauwettbewerb ausgeschrieben war und so der Rahmen der finanziellen Mittel etwas überschritten werden konnte. Die personelle Situation zu Anfang der Kindergartengründung hatte ein kurzfristiges Zusammenleben der Gruppen notwendig gemacht. Dabei erwies es sich als Schwierigkeit, daß man die Kinder der anderen Gruppe nicht kannte oder die Erzieherin den Kindern der anderen Gruppe nur wenig vertraut war. Um diesem Problem abzuhelfen, wurden immer häufiger gemeinsame Aktionen und gemeinsame Beschäftigungen geplant. Hier boten sich vor allem das gemeinsame Singen und Musizieren, das Puppenspiel, das Schattentheater, das Theaterspielen der Erzieher für die Kinder und ähnliche Aktivitäten an. So wurden unter anderem auch Feste nicht mehr in der Gruppe gefeiert, sondern zu einem Fest des ganzen Kindergartens ausgedehnt. Der Kindergarten bekam so immer mehr den Charakter einer großen Familie. Ausgehend von diesem Grundgedanken führten wir das Prinzip der offenen Gruppen ein.

Um dies zu verdeutlichen, ist es notwendig, kurz den Ablauf eines Tages aufzuzeigen. Der zweigruppige Kindergarten öffnete um 7.30 Uhr. Man traf sich in der großen Halle, um gemeinsam den vergangenen Tag zu reflektieren. Nach und nach kamen immer mehr Kinder dazu, bis sich etwa eine Gruppe von 10 bis 15 Kindern eingefunden hatte. Diese Anlaufzeit wurde von uns als sehr wichtig betrachtet, da sehr viele Kinder sehr frühzeitig gebracht wurden und eigentlich noch gar nicht so richtig 'wach' waren. Nun konnten sich die Kinder entscheiden, in welche Gruppe sie gehen wollten. Diese Entscheidung war dann für den Verlauf des Vormittags getroffen. Das erstaunliche daran war, daß die Gruppenstärke in beiden Gruppen nahezu gleich blieb. Die Kinder entwickelten ein gutes Gefühl für die zu große Gruppe: ‚Ich gehe nicht in die Gruppe von..., denn da sind schon viele Kinder!' Die Angebote in den Gruppen waren vom Thema her gleich oder ähnlich und unterschieden sich nur durch die verschiedenen Methoden der jeweiligen Erzieherinnen. Das gab den Kindern das Gefühl, daß in beiden Gruppen das ‚Gleiche' geschehen würde. Am Ende des Vormittags traf man sich für ca. eine halbe Stunde in der großen Halle. Hier konnten sich Kinder und Erzieher gemeinsam austauschen, über ihre Erlebnisse und ‚Arbeitsergebnisse' des Vormittags berichten.

Diese Konzeption half eine Reihe weiterer Schwierigkeiten vermeiden. So war der Wechsel des Personals oder der Praktikantin für die Kinder leichter zu verkraften, es blieb immer noch jemand, der allen vertraut war. Zum anderen wurden auch Beschäftigungen möglich, die ein einzelner sicher niemals mit der Kindergruppe durchführen konnte. Dazu gehörte beispielsweise das Theaterspielen von Erziehern mit Kindern und für Kinder. Diese Art der Kindergartenarbeit bot natürlich auch ein gutes Feld für die offene Elternarbeit.

Viele Jahre später schrieb eine Praktikantin ihre Abschlußarbeit in der Ausbildung zur Erzieherin über das Thema offene Gruppen – eine Möglichkeit in der Kindergartenpädagogik. Ihre Schlußgedanken in der Arbeit: ‚Offene Gruppen im Kindergarten, ein Weg für die Erziehung in unseren Tagen.' In dem letzten Gedanken dieser Arbeit möchte ich zusammenfassend darstellen, daß die offenen Gruppen im Kindergarten ein Weg für die Erziehung in unseren Tagen sein können. In den durchlässigen Gruppen hat der Erzieher die Möglichkeit, besser individuell auf das einzelne Kind einzugehen. Es hat die Wahl, in welchem Zimmer es spielen will. Das richtet sich nach verschiedenen Punkten wie Sympathie oder Antipathie gegenüber Kindern und Erziehern, wie dem Raum, der Einrichtung und den Angeboten im Freispiel, vor allem aber auch nach der Einzelpersönlichkeit des Kindes und seinem Entwicklungsstand. Auch die besonderen Bedürfnisse haben in dieser Gruppenform Platz. Ein neues Kind hatte zum Beispiel am Morgen beim Bringen Angst davor, zu den vielen Kindern in das Zimmer zum Spielen zu gehen. Durch die Möglichkeit, sich frei im ganzen Kindergarten bewegen zu können, und daß den ersten Gruppenraum eine Glaswand vom Flur trennte, konnte man es ihm gestatten, sich langsam an die neue Umgebung heranzutasten und an die vielen neuen Gesichter zu gewöhnen. Das Kind ‚arbeitete' sich langsam von der Garderobe bis zum Trennfenster des Gruppenzimmers vor. Von dort aus konnte es den Raum überblicken und hatte das Gefühl, nichts vom gesamten Geschehen im Raum zu versäumen. So tastete es sich als ‚Zuschauer' immer weiter vor und stand schließlich im Gruppenraum und begann wie alle anderen Kinder zu spielen. Die allgemeinen Beschäftigungen werden meist in altersgemischten Gruppen durchgeführt. Natürlich kann man sagen, daß so entweder die älteren unterfordert oder jüngere Kinder überfordert werden, wenn für alle Altersstufen gemeinsam etwas erarbeitet werden soll. Doch das rechte Maß für die Anforderungen richtet sich nach meiner Meinung nach der Selbständigkeit, die man den jeweiligen Altersstufen und den einzelnen Kindern läßt.

Außerdem kann ich den Schwierigkeitsgrad innerhalb einer Beschäftigung verändern und auf die einzelnen Alters- und Entwicklungsstufen abstimmen. ...

In einem Kindergarten mit offenen Gruppen ist eine offene Elternarbeit sehr wichtig. Dadurch ist es möglich, eine ‚fruchtbare' Hilfestellung für das auffällige Kind zu geben. Dies geschieht durch den guten Kontakt zwischen den Eltern und Erziehern. Die Eltern wissen, daß sie jederzeit zum Team kommen können, um ein Problem zu besprechen und gemeinsam eine Lösung dafür zu suchen. Durch den guten Kontakt kann man leichter Einblick in die häuslichen Verhältnisse des Kindes bekommen und die Eltern besser erreichen. Gemeinsam wird dann eine erfolgreiche Hilfe zustande kommen.

Die Art der offenen Gruppenform fordert, daß man allen Kindern gleiche Behandlung zukommen läßt. Es dürfen keine Unterschiede gemacht werden in bezug auf Milieu- und Schichtzugehörigkeit der Kinder oder ob sie Einzel- oder Geschwisterkinder sind. In den offenen Gruppen sind alle zusammen eine große Familie, in der auch keine Unterschiede gemacht werden. So ist es wichtig, daß alle zusammenhelfen und wissen, daß sie eine Gemeinschaft sind. Jeder kennt jeden, und man ist miteinander und untereinander vertraut.

Durch den Wochenplan, der für alle Gültigkeit besitzt, werden die ‚gleichen' Arbeiten durchgeführt. Sie unterscheiden sich in der Individualität des Erziehers und wie er das Thema erarbeiten will. Dadurch entsteht keine Gruppenkonkurrenz. Oft wird auch gemeinsam etwas in verschiedenen Gruppen zum Thema passend gebastelt oder gemalt. Die Beiträge der einzelnen Gruppen werden gesammelt und zu einem großen Gemeinschaftsbild zusammengefügt. So wächst bei den Kindern die Verantwortlichkeit für den gesamten Kindergarten über die eigene Gruppe hinaus. Für alle diese Punkte, die ich am Schluß meiner Arbeit angeführt habe, ist es wichtig, daß alle Erzieher, das heißt, daß das gesamte Kindergartenteam zusammenarbeiten. Das ist für die offenen Gruppen notwendig, um sie zu verwirklichen" (Schnelle, 1984).

Viele Kolleginnen versuchten wie ich bereits in den Siebzigerjahren mit offenen Gruppen zu arbeiten und sind gescheitert. Dies hatte ganz verschiedene Gründe:

- Der Kindergarten hatte zu viele Kinder.
- Die Raumkonzeption war ungeeignet.
- Es fehlte der notwendige Teamgeist.
- Die offenen Gruppen wurden ohne größere Vorbereitung eingeführt und scheiterten.
- Die Eltern waren nicht ausreichend informiert worden.
- usw.

Ohne Offenheit, Mut, Vorbereitung, Konzept, Berücksichtigung der Kinderzahl und des Teams kann die Arbeit in offenen Gruppen nicht gelingen. Ich erinnere mich, daß mich eine Kollegin aus dem Nachbarkindergarten damals ganz entsetzt anrief: „Meine Eltern wollten auch, daß wir offene Gruppen einführen. Ich habe den Kindern daraufhin alle Räume zur Verfügung gestellt, alle Türen aufgemacht, sogar im Flur und im Büro durften sie spielen – natürlich unter Aufsicht –, jetzt habe ich das reinste Chaos." Ich riet ihr, sofort wieder zu ihrer alten Gruppenstruktur zurückzukehren und sich erst einmal selbst mit der Arbeit in offenen Gruppen zu befassen. Zwei Jahre später begann sie dann schrittweise ihre Arbeit zu verändern. Es ist ihr gelungen. Heute sagt sie:

„Es war fast noch immer zu schnell. Es gab soviel zu überdenken, zu planen und zu überlegen. Zurück möchte ich heute nicht mehr. Unser Pfarrer sagt immer, wir seien jetzt ein richtiges Kinderzentrum. Seit Senioren auch noch regelmäßig kommen, ist auch er neugierig geworden und besucht uns immer öfters. Wenn er mit den Kindern spielt, sind sie ganz begeistert. Was die Befassung mit Öffnung und Offenheit alles bewirken kann..."

Mit der Arbeit in offenen Gruppen ist es ähnlich wie mit der Realisierung des Situationsansatzes. Beides wird viel zu leicht gleichgesetzt mit Laissez-Faire.

3.4 Offene Elternarbeit

Was versteht man unter offener Elternarbeit? Offene Elternarbeit, das heißt, der Kindergarten öffnet sich auch für Eltern. Eltern haben die Möglichkeit, den Kindergartenalltag mitzuerleben, Rahmenpläne können gemeinsam mit Eltern besprochen werden, viele Impulse der Eltern werden aufgenommen. Gleichzeitig werden die Eltern ein neues Verständnis für die Kindergartenarbeit entwickeln. Sie bekommen mehr Veständnis für das Spiel der Kinder und bezeichnen es nicht mehr bloß als „Spielerei", sondern erkennen die Anstrengungen, die für das Kind damit verbunden sind. Sie haben die Gelegenheit, die vielseitigen Förderungsmöglichkeiten, die sich aus dem Spiel, besonders dem Freispiel ergeben, zu erkennen. Wenn Eltern immer wieder am Kindergartenalltag teilnehmen, können sie selbst viele Anregungen für das Spiel im häuslichen Bereich mitnehmen. Für viele von ihnen ist es auch das erste Mal, daß sie ihr Kind in einer Gruppe altersgleicher Kinder erleben, und sie sehen so ihr Einzelkind ganz anders. Sie können aber ebenso die Erfahrung machen, daß auch in der Kindergartenarbeit Grenzen gesetzt sind. Es kommt zu einem intensiveren Austausch über Erziehungsfragen und Erziehungsprobleme, die ihr eigenes Kind betreffen. Setzt man das Erfahrungsfeld „offener Kindergarten" voraus, so kann die Elternarbeit und können Elternseminare intensiver gestaltet werden. Offene Elternarbeit ist nur durchführbar, wenn alle Mitarbeiter in einem Kindergartenteam sich damit einverstanden erklären. Dies macht es notwendig, daß der Gedanke der offenen Elternarbeit in jedem Kindergartenjahr und bei jedem Wechsel des Personals neu überdacht werden muß. Nur wenn das volle Einverständnis aller Mitarbeiter vorliegt, sollte man den Versuch der offenen Elternarbeit wagen. Besonders schwierig ist es bei Berufsanfängern, die sich vielleicht kontrolliert fühlen, wenn noch weitere Personen im Raum mitwirken. Wichtig ist auch das Vorgespräch des Personals mit den Eltern. Hier muß genau besprochen werden, welche Rolle Eltern im Rahmen der offenen Elternarbeit in-

Bei uns ist es toll! Alle Eltern können kommen und mitmachen. Alles ohne Anmeldung."

nehaben können. Sie sollen nämlich keineswegs die Gruppenführung übernehmen oder Beschäftigungen anleiten, vielmehr sollen sie Spielpartner sein, das heißt, ebenfalls mitspielen, alles mitmachen, was der Tag im Kindergarten bietet. Sie nehmen so nicht die Rolle eines Beobachters ein, aber auch nicht die Rolle einer Erzieherin oder eines Erziehers, sondern im weitesten Sinne sind sie zusätzliche Kinder in der Gruppe, die ihre eigenen Spielerfahrungen sammeln. Dem Teilhaben von Eltern an der Arbeit in der Kindergruppe müssen also intensive gemeinsame Gespräche mit dem Kindergartenpersonal vorausgehen. So bietet sich ein Elternabend an, in dem die Frage der offenen Elternarbeit und die Durchführungsmethoden besprochen werden können. Weiterhin muß unterschieden werden, ob Eltern grundsätzlich am Kindergartenalltag teilhaben können, oder ob es nur bestimmte Hospitationstage für Eltern gibt. Bei letzterer Lösung kann bei Eltern oft das Gefühl entstehen, daß ihnen an diesem Tag etwas ganz besonderes angeboten würde. Dahin darf es allerdings nicht kommen.

Bis jetzt wurde noch gar nicht auf die Hauptbeteiligten bei der offenen Elternarbeit eingegangen, nämlich die Kinder. Auch bei den Kindern erfordert es eine Menge Vorarbeit, bevor man in die Praxis der offenen Elternarbeit einsteigen kann. Also sind Besprechungen mit der Kindergruppe wichtig: „Wie würdet ihr es finden, wenn immer wieder ein Vater, eine Mutter oder zwei Mütter im Kindergarten teilnehmen würden? Würdet ihr euch freuen, wenn auch Eltern hier mit uns spielen?" Sicher kommt es mit der Kindergruppe zu einer offenen Diskussion. Die meisten Kinder werden sogleich begeistert von dem Gedanken sein. „Oh, das ist prima, wenn meine Mama oder mein Papa auch mal in den Kindergarten kommen! Ich will denen nämlich schon lange die neuen Legos zeigen!" Dann kann gemeinsam mit den Kindern auch eine Art Konzept der offenen Elternarbeit besprochen bzw. erarbeitet werden. Grundsätzlich muß dabei davon ausgegangen werden, daß eine Mutter, die am Kindergartenalltag teilnimmt, nicht ausschließlich mit ihrem eigenen Kind beschäftigt sein soll, sondern genauso mit anderen Kindern spielen soll. Das wird sicher von den Kindern akzeptiert und auch angenommen. „Dann kann die Mama endlich mal den Franz kennenlernen und die Susi, denn die wohnen nämlich ganz weit weg von unserer Wohnung. Und sie kennt sie noch nicht!" So kann man Kinder positiv einstimmen für das Konzept der offenen Elternarbeit.

Praxis der offenen Elternarbeit – Beispiel an einem Kindergartentag:

„An einem Montag im Oktober. Der Wochenplan sieht ein Gespräch über die Kartoffel vor, im Anschluß daran werden in Kleingruppen einfache Kartoffelgerichte vorbereitet. Die Gesamtgruppe trifft sich zu einem späteren Zeitpunkt zu einem Kartoffelfest in der Halle. Die Kinder kommen an diesem Tag sehr frühzeitig in den Kindergarten. Sie sind aufgeregt, jeder trägt eine Tüte mit Kartoffeln zu unserem gemeinsamen Kartoffelfest bei. Dann kommen Herr K. und Frau M. Sie teilen der Leiterin mit, daß sie gerne den Tag im Kindergarten verbringen würden. Es hätte sich so ergeben, daß Herr K. an diesem Tag überraschend frei hätte. Die Eltern werden sehr herzlich begrüßt und auch von der Kindergruppe sofort aufgenommen. Die Kinder sind es ja gewohnt, daß immer wieder andere Erwachsene im Kindergarten zu Besuch sind. Die Kinder erzählen voller Begeisterung, was am heutigen Tag wohl geschehen würde. Frau M. geht in die eine Gruppe, Herr K. geht in die andere Gruppe. Es ist auffallend, daß in den Gruppen, in denen sie zu spielen beabsichtigen, nicht ihre eigenen Kinder spielen. Frau M. mischt sich sofort unter die Gruppe, die in der Puppenecke spielt, das heißt, sie hat keine besondere Wahl, denn eine Gruppe sehr aktiver Mädchen hat sie an der Hand genommen und zur Puppenecke gebracht. Man hat ihr auch sofort eine Rolle zugewiesen. ‚Du bist nämlich das Baby.' Frau M. ist damit einverstanden und wird so voll in das Spiel integriert. Die Kinder geben ihr Anleitung, welche Aktivitäten sie zu übernehmen hat. Nach einiger Zeit äußert sie den Wunsch, etwas anderes spielen zu dürfen. Worauf die Kinder ihr erklären: ‚Das kannst du gerne machen, aber du mußt zuerst deine Sachen in der Puppenecke aufräumen, dann kannst du dir nämlich etwas anderes aussuchen, das machen wir auch immer so!' Frau M. legt die Puppen zurück in den Puppenwagen, stellt die kleinen Kochtöpfe ins Regal und begibt sich an einen Tisch, an dem eine Gruppe von Kindern malt. Es ist noch ein Platz frei. Sie setzt sich hin, sofort steht ein Junge auf und sagt: ‚Wart mal, ich hole dir auch Papier und Stifte, du weißt ja bestimmt nicht, wo die sind.' Nun beginnt Frau M. zu malen. Die Bedenken, daß sich die Kinder an dem Gemälde der Erwachsenen orientieren würden, treffen nicht zu. Die Kinder erklären ihr nur: ‚Du kannst malen, was du willst. Wir hängen dein Bild auf jeden Fall auf. Bei uns werden nämlich alle Bilder aufgehängt.' Frau M. wechselt an diesem Vormittag noch einige Male ihre Spielaktivitäten. Wenn sie etwas nicht versteht, so fragt sie die Kinder. Diese sind gerne bereit, ihr die notwendigen Erklärungen zu geben. Für die Erzieherin ist Frau M. keineswegs eine Belastung oder gar eine Kontrolle. Auch wird die Erzieherin in ihrer Arbeit nicht aufgehalten. Für diesen Tag ist ein gemeinsames Frühstück vorgesehen. Also wird der Kindergarten auch gemeinsam aufgeräumt. Hierbei muß sich Frau M. ebenso wie die Kinder an den Aufräumungsarbeiten beteiligen. Die Kinder achten sehr darauf, daß sie alle Gegenstände, mit denen sie gespielt hat, an den richtigen Ort zurückbringt. Sie sind dabei sehr hilfsbereit und freundlich. Als es an das gemeinsame Frühstück geht, sind sie erstaunt, daß Frau M. kein Pausenbrot dabei hat. Sofort bieten sich einige Kinder an, ihr etwas von ihrem mitgebrachten Frühstück abzugeben. Nach der Frühstückspause wird in kleineren Gruppen über die Kartoffel gesprochen. Die personelle Besetzung des Kindergartens, bedingt durch Berufspraktikanten und Fachhochschulpraktikanten – macht es möglich, daß die nachfolgende Beschäftigung in kleineren Kindergruppen durchgeführt werden kann. Die Kinder entscheiden sich frei für die jeweilige Gruppe, ebenso Frau M. (Im Nachgespräch erklärte Frau M., daß sie sehr erstaunt gewesen sei, mit welcher Intensität Gespräche mit Kindern geführt werden, und daß sie zugeben müsse, daß sie selbst sehr viel Neues erfahren hätte. Die Art und Weise, in spielerischem Tun so viele Erfahrungen zu ermöglichen, sei ihr völlig neu gewesen.) Während der Gespräche in den Gruppen hatte eine Praktikantin in der Teeküche bereits mehrere Töpfe mit Kartoffeln gekocht. So waren diese schon etwas abgekühlt, bis die Gespräche in den einzelnen Gruppen beendet waren. Nun ging es daran, Kartoffelgerichte zuzubereiten. Gemeinsam schälten die Kinder Kartoffeln und überlegten, was man nun daraus machen könnte. Man entschied sich für Kartoffelbrei in einer Gruppe, für Bratkartoffeln in der anderen, für Kartoffeln mit Butter und Salz in der nächsten, es bildete sich noch eine Gruppe für Bratkartoffeln und eine Gruppe meinte, man könnte auch Kartoffelklöße machen. Hierbei erklärte das Kind von Frau M., ‚die kann meine Mama besonders gut'. Wir baten Frau M. darum, in dieser Gruppe mitzuarbeiten und die Arbeitsanleitung wurde von der Erzieherin und Frau M. gemeinsam gegeben. Am Ende des Vormittags trafen sich dann alle Gruppen in der großen Halle und berichteten von ihren Erfahrungen im Umgang mit der Kartoffel und der Zubereitung ihrer Kartoffelgerichte. Der Vormittag endete dann mit einer gemeinsamen Kartoffelmahlzeit. An diesem Vormittag schloß sich noch ein Nachgespräch mit Frau M. und Herrn K. an. In der Gruppe, in der Herr K. war, war der Ablauf ähnlich. Dieses Gespräch zeugte von tiefem Interesse der Eltern für die Aktivitäten im Kindergarten. Es war keineswegs eine Kontrolle für das Erzieherverhalten oder das Kinderverhalten, sondern ein echtes Erlebnis für beide Eltern. Sie erklärten, daß sie gerne wieder vom Angebot der offenen Elternarbeit Gebrauch machen würden" (Becker-Textor 1993).

Es ist nicht möglich, offene Elternarbeit generell zu empfehlen. Eine Menge wichtiger Faktoren sind Voraussetzung, damit offene Elternarbeit überhaupt funktionieren kann. Als besonders wichtig muß die Bereitschaft der Zusammenarbeit zwischen Erziehern, Eltern und Kindern gesehen werden. Ist ein Partner nicht voll damit einverstanden, so ist die offene Elternarbeit zum Scheitern verurteilt. Anfangs macht die offene Elternarbeit den Erziehern sehr viel Arbeit. Vieles muß gründlich durchdacht und überlegt werden, aber nach geraumer Zeit ist es eine wesentliche Hilfe im Rahmen der gesamten Kindergartenarbeit. Das Erziehungspersonal muß ganz klare Vorstellungen über seine Ziele und Methoden haben. Eltern bringen eine ganze Reihe von Impulsen, doch haben sie wenig Vorschläge, wie diese auch tatsächlich zu realisieren sind. Es muß also ausgewählt und entsprechende Hilfen gegeben werden.

Stellungnahme einer Mutter zur offenen Elternarbeit:

„Als unser erstes Kind ins Kindergartenalter kam, war es für mich wichtig, einen Kindergarten zu finden, der als Teil seines Erziehungskonzeptes intensive Elternarbeit für notwendig erachtete. Die Möglichkeit, als Elternteil an einem Kindergartenalltag teilzunehmen, wird leider sehr wenig angeboten. Voraussetzung dafür ist natürlich eine gute Vertrauensbasis zwischen Eltern und Erziehern, die durch ständigen Erfahrungsaustausch vertieft werden sollte. Nach fünf Jahren Erfahrung als Mutter von Kindergartenkindern kann ich wirklich sagen, daß die Vormittage im Kindergarten für mich und die Kinder sehr wertvoll waren. Vor allem für die nachwachsenden Geschwister war der spätere Eintritt in den Kindergarten ganz selbstverständlich. Erstaunlich ist auch, daß eine Besuchsmutter oder ein Besuchsvater von allen Kindern sofort und ohne viel Aufhebens ins Spiel miteinbezogen werden. Wir sind sehr froh, daß sich durch die enge Zusammenarbeit zwischen Eltern und Erziehern ein schönes Zugehörigkeitsgefühl entwickelt hat und der Kindergarten für unsere Kinder nicht einfach nur einen Aufbewahrungsort bedeutet, zu denen Eltern keinen Zutritt haben."

3.5 Offene Kindergartenarbeit

Offene Kindergartenarbeit geht immer auch mit situativem Arbeiten einher. Im Zusammenhang mit dem Situationsansatz gibt es noch viel Unsicherheit bei den Erziehern, viele Mißverständnisse und Fehlinterpretationen. Das macht es für viele Erzieher auch schwer, diese neuen Ansätze aufzugreifen. Sie verlangen mehr Selbstentscheidung, Selbstsicherheit von den Erziehern. Aus vielen Möglichkeiten muß der richtige, der für die Situation geeignete Weg ausgewählt werden. Nach dem Situationsansatz zu arbeiten, heißt aber auch, auf Planung nicht zu verzichten. Vielmehr wird eine andere Art der Planung notwendig, die eben auf die Alltagsbeobachtungen aufbaut und mit situativen Anlässen in Einklang stehen muß. So werden gewisse Schritte unverzichtbar:

- Analyse von Situationsanlässen,
- Zielbestimmung,
- Planung und Durchführung von Projekten auf der Basis der analysierten Situationen,

- bis hin zur Bereitstellung notwendiger und ergänzender Materialien, die dem jeweiligen Themenkomplex entsprechen oder notwendiges Informationsmaterial liefern.

Offene Kindergartenarbeit heißt demnach, Alltagsbegebenheiten, wie z.B. aktuelle lebensgeschichtliche Ereignisse, lokale Begebenheiten oder jahreszeitlich bedingte Situationen aufzugreifen. Damit ein solches Konzept realisiert werden kann, braucht es Konstanz und Sicherheit im Team und im Umgang mit den Eltern und anderen Personen im Umfeld des Kindergartens. Offene Kindergartenarbeit hat auch Auswirkungen auf den Umgang mit Kindern. Wenn Eltern klagen, daß ihre Kinder nicht wüßten, wie sie sich beschäftigen könnten, oder daß sie nicht in der Lage wären, alleine zu spielen, so bedeutet das auch eine Herausforderung für Erzieher/Erzieherin und an neue Konzeptionen. Aktionsfeld ist dabei das Freispiel im Kindergarten. In derzeitigen Kindertagesstätten wird zwar keine Beschäftigung im Sinne einer didaktischen Einheit während des Freispiels angeboten, aber dennoch gehen Beschäftigungsimpulse meist von den Erziehern aus. Für die Zukunft wird es aber immer wichtiger sein, die Kinder aus der Passivität und dem Konsumverhalten herauszuholen, damit sie selbst wieder zu Entdeckern werden können. Vielleicht gelingt dies in den neuen Konzepten des nächsten Jahrtausends.

3.6 Öffentlichkeitsarbeit

Wenn all die vorher beschriebenen Punkte und Gedanken zum Allgemeingut der Einrichtung und ihrer Menschen geworden sind, Ängste aufgelöst und Unsicherheiten weitestgehend abgebaut wurden, wenn Berührungs- und Beziehungsängste durch offene Kooperationsformen abgelöst wurden, dann kann Öffentlichkeitsarbeit beginnen. Dann erst kann der Kindergarten auch Menschen außerhalb des Umfeldes Kindergarten Einblick gewähren in seine Arbeit und so Verständnis und Lobby für Kinder wecken. Öffentlichkeitsarbeit braucht Standfestigkeit und Sicherheit in der Darstellung des Rahmenkonzeptes. Gelingt Öffentlichkeitsarbeit, so kommt es auch zunehmend zu einer Aufwertung der erzieherischen Berufe.

4. Kindergarten – ein Ort, wo Menschen sich begegnen

Als Friedrich Fröbel den Begriff Kindergarten geprägt hat, hat er wohl nicht daran gedacht, daß der Kindergarten einmal zu einer wichtigen Begegnungsstätte für viele Menschen werden könnte, eben zu einem Zentrum des Gemeinwesens. Er hatte in erster Linie Kinder und Mütter im Blick. Unsere veränderte Gesellschaft macht aber die Begegnung mit einem erweiterten Personenkreis notwendig – insbesondere in der Anonymität unserer Großstädte.

4.1 Kinder treffen Kinder

Um Kinder zu treffen, brauchte man früher nicht in den Kindergarten. Meist lebten viele Kinder in den Familien oder in der direkten Nachbarschaft. Beim Spiel im Freien trafen sich die Kinder einer Straße, eines Stadtteils, des ganzen Dorfes. Gemeinsames Spiel und gemeinsame Aktivitäten (natürlich auch Streiche) waren alltäglich. Heute? Für viele Einzelkinder gibt es nur noch die von Mutter/Vater geplante Begegnung mit anderen Kindern, zumal wenn im gleichen Haus oft keine weiteren Kinder leben. Also gehen Kinder in der Obhut von Erwachsenen in Spielgruppen, in Kinderkurse, auf Spielplätze, in Kindertagesstätten. Und damit beginnt die verplante Kindheit, gesteuert durch vorgegebene Öffnungszeiten, notwendige Betreuungszeiten usw. Der Kindergarten wird zu einem wichtigen Ort der Begegnung, in dem Kinder ihre Kräfte mit Gleichaltrigen messen können, aber auch Grenzen erfahren. Und, es braucht Freiräume zur Entwicklung der Selbstgestaltungskräfte der Kinder. Im Kindergarten müssen aber auch genügend Freiräume vorhanden sein, damit die Kinder diese Selbstgestaltungskräfte entwickeln können.

4.2 Eltern treffen Eltern

Eltern haben in einem „neuen Kindergarten“ die Chance, Erwachsene in ähnlichen Situationen ganz zwanglos kennenzulernen:

- Die Mutter, die auch alleine lebt und den Alltag bewältigen muß,
- die Mutter, die ihren Beruf aufgegeben hat, um beim Kind zu sein und trotzdem nie recht zufrieden ist,

- die Mutter, die um jeden Preis nachweisen will, daß sie Beruf und Familie miteinander vereinbaren kann, und dies nicht schafft,
- die Eltern, die glauben, ihr Kind sei extrem erziehungsschwierig,
- die Eltern, die viele Erziehungsfragen haben usw.

Dies bedeutet, daß der Kindergarten den Eltern ein Forum der Begegnung geben muß, damit sie sich überhaupt kennenlernen können. Ein Elternabend ermöglicht vielleicht das oberflächliche „Beschnuppern", aber nicht mehr. So wäre es wünschenswert – und nicht erst im Jahr 2010 – wenn jeder Kindergarten eine Gesprächsecke einrichten könnte oder einen nicht regelmäßig benutzten Raum Müttern und Vätern zur Begegnung zur Verfügung stellen könnte. Der Anstoß kommt vielleicht von der Erzieherin, von einer Mutter, einem Vater, aus dem Kindergartenbeirat... Jeder Kindergarten muß sich zu einem kleinen Mütter-Väter-Zentrum entwickeln. Da, wo dies gelingt, verbessert sich auch die Elternarbeit. Was heute in Modellprojekten – zum Beispiel: „Orte für Kinder" oder „Mütterzentren" – erprobt wird, muß morgen zur Selbstverständlichkeit werden. Dies führt zur Stärkung der Erziehungskraft der Familien, zu größerer Zufriedenheit der Mütter, die sich für die Familienphase entschieden haben und nicht zuletzt zum Wohl der Kinder.

4.3 Erwachsene treffen Erwachsene

Das klingt so, als wären Eltern nicht auch Erwachsene. Gemeint sind hier weitere Personen im Umfeld des Kindergartens. Es könnte ja auch ein Großmüttertreff entstehen, Omas, die tagsüber ihre Enkelkinder betreuen. Es könnten sich Senioren treffen, die gerne mit Kindern umgehen, aber selbst keine Enkelkinder haben oder diese sehr weit weg wohnen... Wichtig ist, daß der Kindergarten auch Raum für diesen Personenkreis bietet. Der Erfahrungshorizont der Kinder wird dabei – so ganz nebenbei – erweitert.

Eine Fachschulklasse besucht den Kindergarten, um die Einrichtung kennenzulernen. In diesem Fall redet nicht nur die Leiterin mit den Studierenden, sondern auch die Kinder. Sie lernen so wieder eine neue Erwachsenengruppe kennen. Sie berichten über ihr Leben im Kindergarten oder hören auch nur interessiert zu (und sind vielleicht verwundert, was Erwachsene so alles fragen, was in ihren Augen doch so ganz einfach, normal und selbstverständlich ist).

Aber auch Fachleute aus verschiedenen Institutionen treffen zusammen: Lehrer, Erziehungsberater, Mitarbeiter des Jugendamtes,

Vertreter der Frühförderstelle oder des Gesundheitsdienstes usw. Kontakte zwischen diesen Erwachsenen entstehen im Bereich des Kindergartens insbesondere dann, wenn Hilfen an Eltern vermittelt werden sollen.

4.4 Professionelle treffen auf Laien

Diese Situation trifft dann zu, wenn Eltern aktiv im Kindergarten mitwirken oder wenn ehrenamtliche Mitarbeiter sich auch im Kindergartenbereich engagieren wollen. Professionelle Erzieher fühlen sich dann sehr schnell angegriffen und fürchten (oft unterstützt durch Träger- und Berufsverbände) um die Anerkennung ihres Berufsstandes. Hier gilt Gleiches wie bei guter Elternarbeit: Es müssen das unterschiedliche Wissen und die vielfältigen Fähigkeiten gegenseitig anerkannt und miteinander verknüpft werden. Es ist ein stetiger Prozeß, bei dem die Worte Abgrenzung und Einmischung große Bedeutung erlangen. Viele Hunderte von Elterninitiativeinrichtungen bestätigen, daß ein Miteinander möglich, wenn auch nicht immer einfach ist. Oft wird auch damit argumentiert, daß, wenn erst einmal Eltern im Kindergarten mitarbeiten würden, noch weitere Ehrenamtliche in diese Arbeit drängen würden. Eltern dürfen aber auf keinen Fall „draußen vor der Tür bleiben“.

„Wieder habe ich einen Anlauf gemacht und gefragt, ob Mütter oder Väter nicht hin und wieder einmal in den Kindergarten kommen könnten. Wir dürfen nicht hinein. Viele Gründe werden genannt:

- Fehlenes Gesundheitszeugnis (das würde ich auch bringen);
- Datenschutz (ich könnte ja das Verhalten der Nachbarskinder beobachten oder gar Intelligenzdefizite bei einzelnen Kindern feststellen);
- Benachteiligung der Kinder, deren Mütter oder Väter nie kämen (ich weiß von einer Freundin, daß in ihrem Kindergarten die offene Elternarbeit, die Teilnahme am Kindergartenalltag, sogar Eltern sogenannter Unterschichtfamiilen angelockt hat, während sie zum Elternabend nie kamen);
- Mütter und Väter seien Laien und eben keine Profis (sogar wenn sie selbst Erzieher, Sozialpädagogen oder Lehrer sind);
- der Arbeitsablauf im Kindergarten würde gestört und die Erzieherinnen hätten nicht mehr genug Zeit für die Kinder...

Trotzdem, alles keine Gründe, die mich wirklich überzeugen konnten. Haben die Erzieherinnen vielleicht Angst vor uns Laien? Wir als Mütter/Väter machen Fehler und sicher sind auch pädagogische Profis davon nicht ausgenommen. Warum können wir die Verantwortung für die Erziehung der Kinder nicht gemeinsam tragen, uns stützen, gegenseitig helfen und vor allem in einen offenen Dialog treten?" (Becker-Textor, 1991).

4.5 Harmonie und Konflikte – Erwartungen und Forderungen – Probleme und Lösungen

Alles Widersprüche? Alles unüberwindbare Hürden? Alles Träume? Gibt es Wege? Tatsächlich handelt es sich in der Überschrift zu diesem Kapitel um Gegensätze. Ob es zu einer Annäherung oder Aufhebung kommt, wird wesentlich bestimmt von den Personen, die sich im Kindergarten begegnen. Schöne Konzepte, detaillierte gesetzliche Regelungen, genaue Vorgaben, bestimmte Zielsetzungen, vorgegebene Rahmenbedingungen sind inhaltslos, wenn sie nicht umgesetzt und durch menschliches Tun aktiviert werden. Harmonie entsteht nicht von alleine. Sie ist das Ergebnis eines langen – oft recht konfliktträchtigen Prozesses. Sie ist auch nicht für alle Zeit beständig, sondern vielmehr sehr anfällig. Der Dialog, konstruktive Kritik und Reflexion sind zum Beispiel wichtige Mittel, um Harmonie herzustellen oder zu erhalten. Ähnlich steht es mit Erwartungen und Forderungen. Immer häufiger klagen Erzieher über stets wachsende Forderungen, die an sie gestellt werden. Die Erwartungen der Erzieher bleiben dabei unberücksichtigt. Ein Geben und Nehmen ist gefragt. Nicht umsonst spricht man von einem „burn-out" in den sozialen Berufen, und steigen viele Erzieher aus. Ihre Erwartungen wurden nicht erfüllt, mit Forderungen wurden sie überhäuft.

Eine Erzieherin, die nach 11 Jahren aus der Kindergartenarbeit aussteigt:

„Was ich erwartet habe? Mir war schon bei meiner Berufswahl klar, daß die Erziehung von Kindern nicht einfach sein würde. Dennoch entschied ich mich aus voller Überzeugung für den Beruf der Erzieherin. Ich dachte, daß ich mehr Hilfe erhalten würde bei Problemen. Mein Träger hat nur Interesse, daß der Kindergarten läuft. 80% der Eltern sind beide voll berufstätig, ihre Kinder besuchen den Kindergarten ganztägig. Ich wollte mit Eltern über die Erziehung ihrer Kinder sprechen ... Vielleicht hatte ich wirklich nur desinteressierte Eltern? ‚Ich bezahle für den Kindergarten, damit ist es genug', sagte mir ein Vater. Forderungen? Manche Eltern glauben, sie können nur kommen und fordern. Ich bin doch nicht schuld, wenn ihr Kind den Schulreifetest vermasselt. Mehrere Versuche habe ich gestartet, mit einigen zu reden. Mir läuft auch die Zeit davon. Bei einer Stunde Vorbereitungszeit pro Monat habe ich keine Chance für große Experimente, Gespräche... Probleme gibt es viele. Lösungen? Solange der Zustand unserer Gesellschaft, unserer Familien und unserer Kinder nicht ernsthaft von den Verantwortlichen wahrgenommen wird, solange wird es kaum echte Lösungen geben."

Ein „neuer Kindergarten" braucht demnach neue und andere Rahmenbedingungen – in personeller, räumlicher und auch in finanzieller Hinsicht. Wenn von wirksamer Prävention gesprochen wird, dann wäre im Kindergarten ein Ansatzpunkt, denn er erreicht nahezu alle Familien. Lösung?

5. Kindergarten als Zentrum

Kindergarten als Zentrum heißt, der Kindergarten steht in der Mitte, im Brennpunkt, im Mittelpunkt. Die Kinder, die ihn besuchen, sind das „Zentrum unserer Gesellschaft". Heute sind sie Kinder, und morgen sind sie Erwachsene. Warum werden Kinder dann so wenig ernstgenommen? Hat Albert Einstein recht mit seiner Aussage: „Es gibt weder große Entwicklungen, noch wahre Fortschritte auf dieser Erde, solange noch ein unglückliches Kind auf ihr lebt!"?

Kinder in den Mittelpunkt stellen, heißt aber nicht, daß sie mit materiellen und emotionalen Zuwendungen überschüttet werden sollen, sondern vielmehr, daß sie Lebensräume für eine gesunde Entwicklung und Entfaltung ihres Selbst zur Verfügung haben, eine Ausgewogenheit zwischen Freiheit und Grenzen erfahren können, in einer zum Lernen und für Erfahrungen förderlichen Umgebung aufwachsen dürfen.

In vielen Papieren wichtiger Gremien wurde schriftlich festgehalten, was Kinder brauchen. Die Umsetzung hängt Jahre hinterher...

Ein Auszug aus dem Achten Jugendbericht: Tageseinrichtungen für Kinder (1990), mag dies verdeutlichen: Anhang S. 118 ff.)

5.1 Im Zentrum steht das Kind

Kindertagesstätten werden nicht nur allein zum Wohle der Kinder, sondern viel häufiger auf Wunsch von Eltern und ausgerichtet an deren Bedürfnissen betrieben. Öffnungszeiten werden ausgedehnt, die Verweildauer der Kinder beträgt 8 bis 10 Stunden und mehr – nicht, weil es für die Kinder gut wäre, sondern weil die Erwachsenenwelt und vor allem auch der Arbeitsmarkt es erfordern. Der Wunsch nach Vereinbarkeit von Familie und Beruf – die Realisierung von der Politik versprochen – überschattet die Bedürfnisse der Kinder. Immer wieder wird mit dem Argument „gearbeitet", daß zufriedene Mütter auch zufriedene Kinder hätten. Was aber wird Kindern alles zugemutet?

- Sie müssen sich dem Rhythmus der Erwachsenenwelt unterordnen.
- Der Arbeitsmarkt diktiert die Öffnungszeiten.

- Überlange Öffnungszeiten fordern den „Schichtwechsel" der Betreuerinnen.
- Kinder erleben ihre eigene Kindergartenschicht analog des Schichtdienstes der Eltern – mal früh, mal spät.
- Betriebseinrichtungen öffnen teilweise schon um 5.00 Uhr morgens und schließen vielleicht erst um 21.00 Uhr.
- Über-Nacht-Betreuung wird auch bereits andiskutiert.
- usw.

Und trotz alledem heißt es in der Überschrift: „Im Zentrum steht das Kind!"

Das Kind muß im Zentrum stehen, wenn es um Überlegungen zur Zukunft des Kindergartens oder anderer Betreuungsformen für Kinder im Vorschulalter geht. Ein Kindergarten oder auch ein Kindergarten 2010 soll und darf kein Abstellgleis, keine kostenpflichtige „Kinderaufbewahrung" sein, wo das Kind in „Form gebracht" wird und wo die Eltern es nach der täglichen Betreuungszeit pflegeleicht wieder abholen. Psychologen und Erziehungsberater, Lehrer und Erzieher sprechen von einer ständig zunehmenden Zahl von Problemkindern, Kindern mit Verhaltensauffälligkeiten und anderen gravierenden Störungen – und das schon im frühesten Kindesalter. Es macht wenig Sinn, hier dem Kind allein die Schuld zuzuweisen und das Umfeld völlig außer acht zu lassen. Im Bereich der Heimerziehung macht man gute Erfahrungen mit der aktiven Elterneinbindung. So gibt es Heime, die gerade bei Verhaltensauffälligkeiten oder Entwicklungsstörungen eine Aufnahme des Kindes von der Bereitschaft der Eltern zu aktiver Mitarbeit abhängig machen. Die gleichzeitige Arbeit mit dem Kind und den Eltern führt in den meisten Fällen dazu, daß das Kind wieder in die Familie zurückgeführt werden kann und diese durch Maßnahmen der Familienarbeit und -beratung noch eine Zeit lang weiterbegleitet wird.

Das Kind muß also im Zentrum all unserer Bemühungen stehen. Jede Kindergartenpädagogik muß sich an seinem Wohl und seinen Bedürfnissen ausrichten.

5.2 Kindergartenplanung vom Zentrum aus gedacht

Bei der Kindergartenplanung sei hier nicht die alleinige räumliche Planung des Kindergartens verstanden, sondern die Planung des gesamten Lebensraumes Kindergarten. Von einem solchen ganzheitlichen Ansatz ausgehend bildet der Mensch Mittelpunkt mit all seinen

Grundbedürfnissen und – da es sich hier um den Kindergarten handelt – der „kleine“ Mensch, das Kind. Das Wort klein bedeutet keineswegs eine Abwertung. Vielmehr soll auf die Bedeutung des frühkindlichen Lebensumfeldes aufmerksam gemacht werden. Das Kind braucht besonders sorgfältig und sensibel ausgestaltete Lebensräume, wenn es Anregungen und Impulse für eine gesunde Entwicklung im sozialen, emotionalen und kognitiven Bereich erhalten soll. Was wir bei der Erziehung des noch „kleinen“ Menschen falsch machen oder vernachlässigen, hat Auswirkungen auf das ganze weitere Leben. Kindheit als Spielerei abzutun, als noch nicht ernsthaftes Leben, ist deshalb eine grobe Fahrlässigkeit.

„Von frühester Kindheit an wachsen wir in dem Gefühl auf, daß das Große mehr Bedeutung hat als das Kleine. ‚Ich bin groß‘, freut sich das Kind, wenn man es auf einen Tisch stellt. – ‚Ich bin größer als du‘, stellt es stolz fest, wenn es neben einem Gleichaltrigen steht und seine Größe an ihm mißt... Achtung und Bewunderung erweckt nur das, was groß ist und mehr Platz einnimmt. Klein – das bedeutet alltäglich und wenig interessant: Kleine Leute, kleine Bedürfnisse, kleine Freuden und kleine Traurigkeiten“ (Korczak 1970, S. 7).

Mit der Abwertung des Kleinseins beginnt das Leid des Kindes. Es wird nicht ernstgenommen, gilt als noch nicht ausgereift, als minderwertiger Mensch. Seine Grundbedürfnisse werden zwar oberflächlich wahrgenommen, aber nicht ernsthaft beachtet. Die Erwachsenen erkennen nur schwer – und das gilt gleichermaßen für Eltern und Berufserzieher –, daß nicht berücksichtigte Grundbedürfnisse zu Mangelerscheinungen führen, die das Kind nicht aus sich selbst heraus wieder ausgleichen kann.

Wenn Kindergartenplanung also vom Zentrum aus gedacht werden soll (und muß), so gilt es, die Grundbedürfnisse der Kinder zu erkennen und die Qualität der Erziehung zu erhöhen. Die Verbesserung der Qualität der Erziehung erreichen wir aber nicht allein durch Verbesserung der Raumsituation, Erhöhung des Personalschlüssels oder Verdoppelung der Förderangebote. Viele Faktoren spielen hier zusammen und müssen Berücksichtigung finden. Ausschlaggebend ist die Sichtweise, wie die Bedürfnisse des Kindes wahrgenommen und wie damit umgegangen wird. Der gute Geist, der die Arbeit einer Einrichtung prägt, ist unverzichtbar für die Qualitätssicherung. Das Kind fordert uns auf, daß wir zu ihm heruntersteigen, uns auf eine Ebene mit ihm begeben und dann versuchen, aus der Kinderperspektive das Leben zu beobachten, daran teilzuhaben und Kinderleben „zu planen“. Wir Erwachsene sind nicht größer, nicht klüger, nicht besser als Kinder. Wir stehen lediglich auf einer anderen Lebensaltersstufe.

Ein ganzer Katalog von *Grundbedürfnissen* ließe sich aufzählen (und wir wissen, daß chronische Mängel in ihrer Befriedigung kindliche Entwicklung schädigen oder stören können): Geborgenheit, Beachtung, Spiel- und Beschäftigungsmöglichkeiten drinnen und draußen, konfliktarmes Gemeinschaftsleben, Regelsetzung, emotionale Zuwendung, Vertrauen und Offenheit, Autonomie und Freiheit, Verläßlichkeit und Kontinuität, Räume zum Selbständigwerden, Anerkennung, soziales Miteinander und Teilen, Solidarität, Möglichkeiten, konstruktive Kritik zu erfahren und sich damit auseinanderzusetzen, Dialogbereitschaft, Erfahrungsräume, Lernanreize, Zärtlichkeit, Liebe, Zuneigung, Freundschaft... (die Aufzählung ist bei weitem nicht vollständig und bedeutet in der Reihenfolge keine Wertung. Vielleicht gibt sie aber Anregung für den Leser, selbst weitere Grundbedürfnisse des Kindes einmal zu überlegen und aufzuschreiben. Eine Herausforderung an den Kindergarten? Sind strukturelle Veränderungen notwendig?).

Vielleicht kann uns Maria Montessori Anregungen geben, bei der Planung vom Zentrum aus:

„Das Kleinkind weiß, was das Beste für es ist. Laßt uns selbstverständlich darüber wachen, daß es keinen Schaden erleidet. Aber statt es unsere Wege zu lehren, laßt uns ihm Freiheit geben, sein eigenes kleines Leben nach seiner eigenen Weise zu leben. Dann werden wir, wenn wir gut beobachten, vielleicht etwas über die Wege der Kindheit lernen“ (Maria Montessori, 1900).

5.3 Kindergartenräume

Es ist gut, daß in den Kindergartengesetzen der Länder gewisse Raumprogramme für Kindergärten festgeschrieben sind. Noch sind nämlich die Zeiten nicht vergessen, in denen 50, 70 oder noch mehr Kinder in Räumen von 50, 60, 70 qm spielen und leben mußten (ich selbst habe 1967 bis 1969 noch in einem Kindergarten gearbeitet, in dem ein Gruppenraum von 55 qm 65 Kindern zum Leben im Kindergarten diente).

Bedauerlich jedoch ist, daß solche Festschreibungen die Kindergartenräume normieren und auch recht hinderlich sein können für flexible Raumgestaltung und Koordination, einfach für die Weiterentwicklung. Gerade wenn wir an aktuelle notwendige Veränderungen im Kindergartenbereich denken, dann fordern sie Vorschriften für eine flexible Handhabung oder Anpassung an diese neuen Bedürfnisse. Der neue Kindergarten braucht andere Raumstrukturen, wenn er den neuen Bedürfnissen von Kindern und Familien entsprechen soll. So wäre es für den Kindergarten 2010 wünschenswert, wenn z.B. von einer bestimmten Quadratmeterzahl an Spiel- und Aufenthaltsfläche pro Kind ausgegangen werden könnte. Wie die Räume bzw. Raumgröße dann gestaltet werden kann, hängt von der Struktur, dem Konzept der individuellen Einrichtung ab. Gerade auch im Hinblick auf Arbeit in offenen Gruppen oder in altersgemischten Gruppen könnten so Aktions- oder Rückzugsbereiche geschaffen werden.

Viele Kindergärten gleichen sich wie ein Ei dem anderen: Gruppenräume à 50 qm, kleinste Gruppennebenräume – nicht selten als bloße „Abstellkammern" genutzt, Flure, die zum Spiel nicht geeignet sind, aber viel Quadratmeter in Anspruch nehmen und ähnliches. Kinder, deren „Wachleben" sich heute oft zu acht bis zehn Stunden in der Kindertagesstätte abspielt, brauchen andere Räume, als Kinder, die nur zur vorschulischen Förderung drei Stunden täglich den Kindergarten besuchen.

Aber nicht nur die Innenräume „des neuen Kindergartens" sind von Bedeutung. Mindestens genauso wichtig sind die Außenräume, die Außenspielflächen. Die Langweiligkeit von Außenspielflächen ist deprimierend. Oft steht da eine Fülle von Geräten, die kaum Gestaltungsspielräume zulassen. „Kreativ-Gärten", in denen Kinder Natur erleben können, in denen sie aktiv gestalten können, fehlen. Sandkästen haben – aufgrund der Hygienevorschriften und des jährlichen Sandaustausches – kaum mehr als 25 cm Tiefe. Sie sind zudem viel zu klein und bieten kaum Möglichkeiten zum wirklichen Spielen und Gestalten. Denken wir vergleichsweise an Kinder, die am Strand riesige Sandburgen bauen, die sich eingraben. Könnten nicht einfach im Kindergarten größere Sandspielflächen geschaffen werden? Rosenrabatten schmücken den Eingangsbereich. Warum nicht ein buntes Blumenbeet, wie ein Bauerngarten? Erstens keine Dornen und zweitens eine Vielfalt von Blumen! Kinder könnten diese selbst pflegen und viele, viele Beobachtungen machen. Wann endlich geht man von Ziersträuchern zu Nutzsträuchern uber? Warum kann die Spielwiese nicht eingerahmt werden von Haselnuß- und Johannisbeersträuchern, der Gartenzaun nicht umrankt werden von Brombeer- oder Himbeersträuchern? Warum kann als Schattenspender nicht ein Kastanienbaum, ein Apfel- oder Birnbaum gepflanzt werden? Überhaupt könnte im neuen Kindergarten viel Zeit draußen verbracht werden in der Verantwortung für den Garten des Kindergartens, die

Pflege der Natur. Gerade Stadtkinder kennen Obst und Gemüse fast nur noch aus dem Supermarkt. Wie wachsen Kartoffeln, Tomaten, Erbsen, Radieschen...? Kinder sind engagierte Gärtner (Erzieher bekommen dabei allerdings auch schmutzige Hände!).

Der Außenbereich muß zu einem unverzichtbaren Kindergartenraum werden. Wenn das Wetter es zuläßt, kann die Kindergruppe sich den ganzen Tag im Freien aufhalten. Hier ist Raum für das Freispiel, die Brotzeit (Pausenbrot)/das Mittagessen, für sogenannte gezielte Beschäftigungen und Förderangebote. Wir müssen weg von dem Glauben, daß „Förderung" – Erziehung im kognitiven Bereich – sich an Tischen abspielen muß, nur mit Papier und Stiften verwirklicht werden kann. Das Lernen im Umgang mit konkreten Dingen, der Freiraum zu eigenen Beobachtungen und planvollem Handeln wird den Kindern heute immer mehr eingeschränkt. Erwachsene können es nicht ertragen, wenn Kinder scheinbar nichts tun beziehungsweise wenn sie in eine Betrachtung versunken sind. Das Kind braucht „schöpferische Pausen" und, wie Rudolf Seitz sagt: „Der Erwachsene muß aushalten können, wenn ein Kind einmal nichts tut." Dieser Leitsatz sollte uns inspirieren bei der Gestaltung von Kindergartenräumen – drinnen und draußen (vgl. die Ausführungen zum Raumkonzept S. 16 ff).

5.4 Kindergarten als Zentrum der Familie/für Familien

Der Kindergarten ist *die* Einrichtung, die bundesweit alle Familien mit Kindern erreicht, und sei es nur im letzten Jahr vor der Einschulung. Keine Familienbildungsstätte oder Volkshochschule erfährt soviel Akzeptanz. Die logische Folge aus dieser Tatsache wäre, den Kindergarten zu erweitern, in seinem Selbstverständnis und seinen konzeptionellen Ansätzen. Was wäre besser geeignet als Zentrum der Familie oder als Zentrum für junge Familien?

Was so einfach und logisch klingt, erfährt im Alltag viel Widerstände und Vorbehalte. Gerade im ländlichen Bereich wird es auch in Zukunft nicht möglich sein, ein differenziertes Angebot an Einrichtungen und Angeboten für Familien in separaten Gruppen zur Verfügung zu stellen. Deshalb bekommt der Kindergarten eine ganz besondere Bedeutung als „Familienzentrum". Aber auch in den Ballungsräumen der Großstädte können dem Kindergarten als der wohnortnahen Einrichtung neue Aufgaben zuwachsen. Familien, die aus der Anonymität von Hochhäusern und Wohnanlagen kommen, können sich hier kennenlernen. Kontakte entstehen, Isolation wird aufgebrochen, Hilfen auf Gegenseitigkeit und gute Nachbarschaft bahnen sich an.

Der Kindergarten 2010 muß sich demnach für eine breitere Nutzung öffnen. Das heißt nicht, daß die Räume von 7.00 bis 14.00 Uhr für den Kindergarten genutzt werden, von 14.00 bis 16.00 Uhr für die Mutter-Kind-Gruppe, von 16.00 bis 18.00 Uhr für den Seniorenkreis, von 18.00 bis 20.00 Uhr für den Alleinerziehendenbedarf, von 20.00 bis 22.00 Uhr für die Arbeitsgruppe allergiekranker Kinder usw. Natürlich ist auch eine bessere Ausnützung mancher Räume wünschenswert, aber dies sollte innerhalb eines fundierten Gesamtkonzeptes geschehen.

Im Zentrum ist der Kindergarten, eben ein „neuer", auch strukturell veränderter Kindergarten, ein Nachbarschaftszentrum mit breitgestreuten Angeboten und einer Vielzahl von Unterstützungsangeboten für Kinder und Familien, Verbindungen zwischen professionellen sozialen Dienstleistungen und nachbarschaftlichen Hilfen. Voraussetzung für eine bedarfsangemessene Weiterentwicklung des institutionellen Angebotes sind Anpassungen der Rechts- und Verwaltungsvorschriften sowie eine Lockerung der Verwendungsspielräume bei der Bezuschussung. Es geht sowohl um die Ausweitung der Platzkapazität, wie auch um die Schaffung von Rahmenbedingungen, die vor Ort flexible Gestaltungsmöglichkeiten zulassen (vgl. 8. Jugendbericht des Bundesministers für Jugend, Familie, Frauen und Gesundheit 1990).

Derzeit werden alle Forderungen bezüglich Veränderung, Flexibilität, Öffnung usw. an die Mitarbeiter im Kindergarten herangetragen. Kein Wunder, daß die sich unter dem Druck: „Du mußt, du sollst, es wird erwartet..." durch Ausstieg aus dem Beruf entziehen. Einen Kindergarten 2010 oder ein Kindergarten als Zentrum der Familie wird es nur geben, wenn strukturelle Veränderungen möglich sind. Der Kindergarten kann nicht über Jahrzehnte gleichbleiben, wenn sich die Gesellschaft und das gesamte Umfeld für Kinder und Familien verändert hat, wenn Kindheit wesentliche Einschnitte erfährt. Wie könnte ein solch neuer Kindergarten organisiert und strukturiert sein, welche Rahmenbedingungen braucht er?

Beispiel eines Kindergartens in einer mittleren Großstadt:

Dreigruppiger Kindergarten, 75 Kinder, 45 Mütter sind nicht berufstätig, 10 Kinder haben einen berufstätigen alleinerziehenden Elternteil, 15 ausländische Kinder besuchen den Kindergarten und haben schlechte Deutschkenntnisse usw. Die von der Kommune festgelegten Öffnungszeiten reichten von 7.00 bis 17.30 Uhr. Als Personal standen vier Erzieherinnen und zwei Kinderpflegerinnen zur Verfügung. Das Raumangebot war hervorragend, eine Vielzahl von attraktiven Nebenräumen, die allerdings kaum genutzt wurden. Alle Mitarbeiterinnen waren mit den Rahmenbedingungen im organisatorischen Bereich nicht zufrieden. Die langen Öffnungszeiten forderten einen strengen Dienstplan. Eine Doppelbesetzung pro Gruppe ließ sich nur in den Kernzeiten realisieren. Bei Ausfall einer Mitarbeiterin brach alles ein. Unzufriedenheit machte sich breit, häufiger Personalwechsel, Überforderung. Mit Hilfe einer einrichtungsinternen Organisations- und Praxisberatung wurden neue Wege gefunden – für *diese* Einrichtung. Es zeigte sich, daß nur fünf Kinder die lange Betreuung am Abend brauchten. Da der Kindergarten aber so lange geöffnet war, versuchten auch nichtberufstätige Mütter, ihre Kinder so lange dort zu lassen. Die Sprachförderung der ausländischen Kinder kam zu kurz. Unzufriedenheit – viel ließe sich noch berichten.

Wie arbeitet die Einrichtung heute? Der Kindergarten erweiterte sich um ein Tagespflegeangebot, Elterngruppen und einen Oma-Erzähl- und Hilfsdienst. Alle 45 nicht berufstätigen Mütter wurden befragt, in welcher Weise sie sich aktiv einbringen könnten bzw. ob sie bereit wären, sich in einem stundenweisen Tagespflegemodell zu engagieren bzw. sonstige Aktivitäten einzubringen. Nach einem achtmal Zwei-Stundenkurs fanden sich 16 „Tagesmütter" für die stundenweise Betreuung von Kindern und 10 Mütter für die Betreuung kranker Kinder, wenn Mütter/Väter die arbeitsfreien Tage schon ausgenutzt haben. Die Organisation dieser Tagespflegegruppe oblag einer Mutter, die schon seit vielen Jahren Erfahrung im Pflegekinderwesen hatte. Einmal pro Woche steht sie an einem bestimmten Nachmittag interessierten Familien als Ansprechpartnerin zur Verfügung und vermittelt auch zwischen Tagesmüttern und Eltern, die das Angebot nutzen. Die Öffnungszeiten des Kindergartens konnten geändert werden: 7.00 bis 16.00 Uhr. Ein erster Schritt zur Verbesserung der Rahmenbedingungen. 20 Kinder erhalten täglich im Kindergarten ein Mittagessen. Auch hier konnte eine Lösung gefunden werden. Eine Erzieherin gestaltet diese Zeit in Zusammenarbeit mit drei Erzähl-Omas und Opas. Über die Seniorenarbeit im Stadtteil konnten diese „engagiert" werden. Früher erhielten sie Essen auf Rädern, weil sie für sich nicht mehr kochen wollten. Jetzt essen sie mit den Kindern und gestalten mit ihnen die Mittagspause von 11.30 Uhr bis 13.30 Uhr. Mittagsschlaf (manchmal gemeinsam), Erzählstunde – der Kindergarten hat ja Räume genug, so daß sich jedes Grüppchen zu seiner Aktivität zurückziehen kann. Aus dieser Kindergarten-Senioren-Arbeit entwickelte sich auch ein Oma-Hilfsdienst für Alleinerziehende, z.B. Babysitting am Abend oder bei Krankheit eines Kindes. Die „Vergütung" erfolgt auf Gegenseitigkeit (Nachbarschaftshilfe) oder durch ein kleines Entgelt.

Ist dies nicht ein Stück Gemeinwesenarbeit, Aufbrechen von Isolation, Hinführung zu familiärer Nachbarschaft? Die Atmosphäre in der Einrichtung ist entspannt. Die Angebotspalette hat sich erweitert, die Rahmenbedingungen haben sich verbessert durch Umorganisation und Umstrukturierung. Eine Anregung? Was würden einer Kommune all die neuen Leistungen kosten, würden sie erbracht werden müssen?

5.5 Kindergarten als Zentrum der Gemeinde

Vorher wurde schon beschrieben, wie ein Kindergarten-Familienzentrum sich entwickeln kann. Hier einige Interviews mit Menschen aus einer Kirchengemeinde, die ein offenes Gemeindezentrum betreibt. Die Initiative ging hier vom Kindergarten aus.

Pfarrer: „Als ich hier mit der Arbeit begonnen habe, hatte ich noch keinerlei Erfahrung mit einem Kindergarten. Ich dachte mir, daß die Leiterin das wohl schaffen würde, ich ihr freie Hand lassen müßte. Schließlich wollte ich ja auch nicht, daß sie sich ständig in meine Gottesdienstgestaltung einmischt. Aber, es kam anders…“

Frau X.: „Ich leitete den Frauenkreis schon 15 Jahre, und dann kam der Umzug ins neue Gemeindezentrum und der Kindergarten mit seinen Aktivitäten. Da machte doch die Erzieherin ihren Elternabend genau am Mittwoch. Sie konnte doch nicht den Frauenkreisabend besetzen. Alle jungen Frauen blieben weg, gingen in den Kindergarten. Das hat mich anfangs geärgert…“

Herr Z., 80 Jahre: „Seit ich Kindergartenopa bin, geht's mir gut. Ich wohne noch allein in meiner Wohnung. Meine Frau ist tot, Kinder hatten wir keine. Ich war Lehrer. Bevor ich meinen Gedanken nachhänge, gehe ich zum Kindergarten. Da ist immer was los. Heute habe ich mit dem kleinen Alexji aus der Ukraine ein Bilderbuch angeschaut. Er kann jetzt schon einige Wörter deutsch, z.B. Opa, kommen, schön.“

Frau K., Aussiedlerin aus Rumänien: „Meine Enkelkinder und Kinder sind noch in Rumänien. Wenn ich hier im Kindergarten bin, dann ist das wie in der Familie. Zusammen mit den Kindern packe ich Pakete für meine Enkel. Die Kinder bringen Kleidung, Spielsachen und Süßigkeiten mit. Die Kinder wollen, daß ich ihnen von Rumänien erzähle, und ich muß versprechen, daß ich die Kinder – falls sie kommen – mitbringe.“

„Frau L., Raumpflegerin im Kindergarten: „Ich komme mir gar nicht vor wie eine Putzfrau. Ich komme manchmal schon nachmittags. Wenn ich dann z.B. Laub zusammenreche, dann helfen mir die Kinder. An meinem Geburtstag mußte ich auch kommen. Der wurde ganz toll gefeiert. Ich gehöre einfach dazu. Vorige Woche habe ich mit den Kindern Marmelade gekocht. Ich war stolz, daß mich die Erzieherin gefragt hat, ob ich nicht diese Aufgabe einmal übernehmen wolle!“

Suanne, 5 Jahre: „Unser Kindergarten? Na ja, wir sind eine richtige Familie. Das merkt man, wenn wir ein Fest haben. Da sind alle da. Aber auch an gewöhnlichen Tagen. Meine Freundin geht in einen Kindergarten, da darf keiner rein, bloß die Kinder und manchmal die Eltern. Das ist bei uns ganz ganz anders. Sogar der Herr Pfarrer kommt zum Spielen. Das kann er nämlich nicht, und muß es bei uns lernen."

Frau B., Erzieherin: „Ich bin froh, daß wir es geschafft haben. In einem Kindergarten wie früher arbeiten? Nie mehr. Mehr Arbeit? Nein! Ich muß anders organisieren. Es macht aber viel mehr Spaß. Früher dachte ich ans Aussteigen, jetzt weiß ich, daß ich den richtigen Beruf habe. Mein Träger macht ja auch mit. Wir sind wirklich ein Gemeindezentrum geworden und mittendrin ist der Kindergarten."

5.6 Kindergarten als Zentrum des Gemeinwesens

War im vorausgehenden Kapitel vorher von der Kirchengemeinde die Rede, so geht es jetzt um das Gemeinwesen schlechthin. Gerade in kleinen Kommunen oder in Gebieten mit recht „magerer sozialer Infrastruktur" wird der Kindergarten zu einer Anlaufstelle oder Vermittlungszentrale für eine Vielzahl sozialer Fragen. Die Bewältigung solcher Aufgaben müßte den Verantwortlichen allerdings auch etwas wert sein. Eine Kindergartenleiterin, die einige Stunden von der direkten Kindergartenarbeit freigestellt wird, kann den Kindergarten zu einer unverzichtbaren Institution im Gemeinwesen werden lassen. Statt dessen wird der Kindergarten oft nur als reiner Kostenfaktor gesehen und die Arbeit abgewertet: „Die spielen ja bloß", oder die Aussage eines Mitarbeiters in einer Gemeindeverwaltung: „Die Leiterin unseres sechsgruppigen Kindergartens nach BAT IV? Für das bißchen Auf-Kinder-Aufpassen? Bei uns in der Gemeinde nicht!" Häufig wird verkannt, daß es sich bei Erzieherinnen um Fachleute handelt, die weit mehr für das Gemeinwesen beitragen können, als Kinder erziehen. Leider sind Erzieherinnen oft selbst an ihrer Isolation schuld und daran, daß sie zu wenig Anerkennung für ihre Arbeit erhalten. Als Fachleute für Erziehungs-, Bildungs-, Kindheits- und Familienfragen sollten sie in allen Gremien des Gemeinwesens gehört werden und aktiv sein: Familienbeirat, Jugendhilfeausschuß, Kirchenvorstand, als Experten im Gemeinderat, wenn es z.B. um Fragen der Kinder-, Jugend- und Familienpolitik geht. Sie wären so in der Öffentlichkeit präsent, und der Kindergarten würde auch für Leute ohne Kinder zu einer wichtigen Institution.

Eine Erzieherin: „Den Kindergarten kennt doch jeder. Was soll ich in diesen Gremien. Die Politiker wissen doch Bescheid. Wer interessiert sich denn außerdem für die Details unserer Arbeit, es geht in deren Augen ja sowieso *nur um Kinder*...“

Schade, wenn eine Erzieherin so denkt. Mit dieser Einstellung wird sie nichts verändern.

5.7 Nachbarschafts- und Selbsthilfe

Im Kindergarten 2010 – und wir haben dafür noch eineinhalb Jahrzehnte Zeit, den Kindergarten strukturell und konzeptionell zu verändern, die Ausbildung und Fortbildung den neuen Bedürfnissen anzupassen – wird das „normal“ sein, was heute modellhaft erprobt wird. Ich denke dabei an das bundesweite Modell „Orte für Kinder“ – besser noch wäre die Ergänzung des Begriffes „Orte der Begegnung für Familien“. Der Kindergarten oder die Kindertagesstätte wird hier erweitert, öffnet sich, läßt Kontakte zu, Begegnungen werden möglich, Nachbarschaften werden neu entdeckt, Familien kommen miteinander ins Gespräch, Anonymität löst sich auf. Es kommt somit auch zu Nachbarschafts- und Selbsthilfe. Vielleicht fängt es damit an, daß eine Mutter mehrere Kinder am Morgen „aufsammelt“ und zum Kindergarten bringt, daß ein Secondhandshop die Haushaltskassen durch billigen Kleiderkauf oder Austausch entlastet. Kinder wachsen ja sehr schnell aus ihrer Kleidung. Es bleibt unverständlich – auch wieder nicht – warum nicht viele Kindergärten hier aktiver werden. Sie ziehen sich zurück auf Vorschriften und Bestimmungen. Insbesondere Gesundheitsbestimmungen und Datenschutz werden ins Spiel gebracht. Dazu kommt die Angst vor der Einmischung von Laien, Ehrenamtlichen. Fällt vielen Kindergärten die Öffnung für Eltern schon schwer, so schrecken sie vor einer weiteren Öffnung erst recht zurück. Die Kooperation zwischen Laien und Professionellen muß gefördert werden, Ängste abgebaut und Hemmnisse überwunden. Es wird noch viel Kraft kosten, hoffentlich gelingt es der Fortbildung und Praxisberatung...

5.8 Kindergarten als Vermittler im Netzwerk sozialer Dienste

An früherer Stelle wurde bereits dargestellt, daß heute nahezu jede Familie mit dem Kindergarten in Kontakt kommt. Das bedeutet für den Kindergarten eine Chance. Da zwischen Kindergarten und Eltern meist eine gute Vertrauensbasis entsteht, nehmen Mütter/Väter auch direkte oder indirekte Impulse und Anregungen auf. Jede Kindergartenleiterin sowie ihre Mitarbeiterinnen brauchen ein differenziertes Wissen über das Netz der sozialen Dienste im Umfeld des Kindergartens oder in der Kommune.

Unter sozialen Diensten müssen dabei eine Vielzahl von Angeboten oder Einrichtungen verstanden werden, nicht nur auf Kinder bezogen. Einige Angebote sollen hier genannt werden: Frühförderstelle, Beratungsdienst des Gesundheitsamtes, Erziehungsberatungsstelle, Ehe- und Familienberatungsstelle, Drogenberatungsstelle, Anonyme Alkoholiker, sozialpflegerische Dienste für alte, kranke und behinderte Menschen, Besuchsdienste, Allgemeiner Sozialdienst usw. Was hat das alles mit dem Kindergarten zu tun? Eine ganze Menge.

Da ist eine Familie, in der der Großvater lebt. Seit seinem Schlaganfall ist er pflegebedürftig. Die Familie will diese Aufgabe selbst übernehmen und überfordert sich ein Stück. Das Kind zeigt Auffälligkeiten, die Mutter ist überfordert, wirkt gehetzt und gestreßt. Hier kann der Kindergarten auf Angebote des sozialpflegerischen Dienstes verweisen. Die Familie wird entlastet, der Großvater kann in der Familie bleiben. Durch Vermittlung eines Besuchsdienstes kann die Mutter mit den Kindern an einem Nachmittag etwas unternehmen, ohne Angst um die Versorgung des Großvaters zu haben. Der Hinweis auf die Möglichkeit der Unterbringung in einer Kurzzeitpflege oder Tagespflege kann die Familie entlasten oder einen Urlaub möglich machen. Profitieren wird nicht nur die Familie, sondern auch das Kind und der Kindergarten. Viele Beispiele ließen sich hier aufführen.

Der Kindergarten ist als Vermittler im Netzwerk solcher sozialen Dienste eine unverzichtbare Anlaufstelle. Vielleicht hilft es auch schon, Informationen über die verschiedenen Dienste in einem Merkblatt zusammenzustellen oder im Kindergarten auszuhängen. Eltern brauchen dann nicht nachzufragen…

6. Alte und neue „Konzepte“ – Methodenvielfalt

Der Kindergarten 2010 wird entstehen aus alten und neuen Konzepten und wird gekennzeichnet sein durch seine Methodenvielfalt. Er muß nicht neu erfunden werden, vielmehr muß er neu geordnet werden, er braucht andere Strukturen, andere Organisationsformen; Flexibilität und Orientierung am Leben von Kindern und Familien werden seine Pädagogik prägen.

Es lohnt sich, die pädagogische Praxis, die Ideen und Erziehungsvorstellungen früherer Pädagogen zu durchforsten. Wir finden dort alles, was wir für den neuen Kindergarten brauchen. Wurde alles vergessen? Die „alten“ Pädagogen entwickelten ihre Pädagogik aus den Bedürfnissen der Zeit heraus und ermöglichten Kindern ein ganzheitliches Leben, Lernen und Erfahren. Ein Blick auf einige Vertreter soll „hungrig“ machen, in ihren Schriften nach Impulsen für die Zukunft zu suchen. Der Kindergarten 2010 muß nämlich besser sein als unser heutiger Kindergarten.

6.1 Jean Paul (Friedrich Richter), 1763 bis 1825

In seinem Buch „Levana oder Erziehungslehre“, das 1806 erschienen ist, wendet er sich vorrangig an die Mütter. Aber auch die öffentliche Erziehung erhält Impulse aus seinen Überlegungen. Er tritt insbesondere als Anwalt des Kindes auf und hebt ganz besonders die Bedeutung der frühen Kindheit für die Erziehung hervor. Besonderen Wert legt er auf das kindliche Spiel und den Frohsinn als Grundlage für eine gute Erziehung. Seiner Meinung nach kann nur der ein ganzer Mensch werden, der die Kindheit voll durchlebt hat.

„Was heiter und selig macht und erhält, ist bloß Tätigkeit. Die gewöhnlichen Spiele der Kinder sind – ungleich den unsrigen – nichts als die Äußerung ernster Tätigkeit, aber in den leichtesten Flügelkleidern... Schrieb nun ein Deutscher ein Werkchen über die Kinderspiele... würde er sie sehr scharf und mit Recht – düngt mich – nur in zwei Klassen teilen: Erstens in Spiele oder Anstrengungen der empfangenden, auffassenden, lernenden Kraft; zweitens in Spiele der handelnden, gestaltenden Kraft...

Doch müßte, glaub' ich, ein so wissenschaftlicher Mann noch eine dritte, schon angedeutete Spielklasse errichten, die nämlich, worin das Kind das Spiel nur spielt, nicht treibt, noch fühlt, nämlich die, wo es behaglich

Gestalt und Ton nimmt und gibt – z.B. aus dem Fenster schauend, auf dem Grase liegt, die Amme und andere Kinder hört... Sind einmal Menschen für Menschen gemacht, so sind es folglich auch Kinder für Kinder, nur aber viel schöner. In den ersten Jahren sind Kinder einander mehr Ergänzungen der Phantasie über ein Spielding – zwei Phantasien spielen, wie zwei Flammen, neben- und ineinander verknüpft" (Jean Paul, 1963, S. 61 ff).

Ideen für die Arbeit in einem Kindergarten 2010?

6.2 Friedrich Fröbel, 1782 bis 1852

Friedrich Fröbel, der nicht nur die Kindergartenpädagogik geschaffen und der Welt eine geniale, ganz umfassende Erziehungslehre gegeben hat, fordert den lebendigen, natürlichen Unterricht, der sich auf den ganzen Welt- und Lebenszusammenhang gründen soll. Freie Selbsttätigkeit und Selbstbestimmung soll Merkmal des „Unterrichts" sein, damit die urtümlich kindlichen Kräfte sich entfalten können. Wie Jean Paul betont er, daß nur der ganz Mensch werden kann, der zuvor seine Kindheit und Jugend mit all ihren Phasen voll durchlebt hat. 1852 schrieb Fröbel an seine Schülerin Emma unter anderem:

„...durch den Eintritt in den Kindergarten tritt das Kind in ein vielfach neues Lebensverhältnis, und dies soll von der Kindergärtnerin so sorgsam als sinnig betrachtet werden. Indem das Kind in den Kindergarten tritt, tritt es zuerst ins Verhältnis zu einer Mehrheit von Lebensgenossen und diesen einmal als einzelnes einer Vielheit gegenüber; zugleich wird es aber auch Glied dieses Ganzen, und wie es so von dem Ganzen Gewinn oder Vorteil hat, so hat es aber auch gegen dieses Ganze Verpflichtungen. Und hierin liegt zunächst das menschlich bildende des Kindergartens, was sich die Kindergärtnerin leicht klar zu Bewußtsein zu bringen hat, um das Kind selbst recht sorgsam in das neue Verhältnis einzuführen und solches für dasselbe Recht fruchtbar machen... Nehmen Sie noch die Einführung ins Leben selbst, einmal durch die Bewegungsspiele, dann durch die Pflege der Gärtchen und des Gartens der Kinder und das dadurch in dem Kinde geweckte und genährte persönliche Selbst- und Lebensgefühl und die mit der Steigerung derselben zugleich gegebene und geweckte Ahnung eines (väterlichen) Lebensgebers und des Gefühls einer Lebenspflege..." (Friedrich Fröbel 1965, S. 155 ff).

Mit seinen Fröbelgaben schaffte er ein Lehr- und Beschäftigungsmaterial an, durch das der kindliche Geist seine Gestaltungskräfte üben, sein Gemüt und seine Erkenntnis bereichern sollte. Ball, Kugel, Würfel, Walze, kleine Würfel und flache Bauklötzchen, Legetäfelchen und

„Der Herr Fröbel hat Holzbausteine für das allerwichtigste Spielzeug gehalten. Und dann hat er sich noch den Namen Kindergarten ausgedacht!“

-stäbchen, Flechtblätter und Faltarbeiten hielten Einzug in die Kindergärten. Genau an diesen einfachsten und urtümlichsten Formen sollten sich die Gestaltungskräfte des Kindes am besten entfalten können, da sie sie in ihrer Ganzheit ansprechen. Seine Forderung, daß aus jeder Mutter eine echte „Kindergärtnerin" werden soll, entspricht der heutigen Elternarbeit im Kindergarten mit dem Ziel, das Leben der Kinder im Kindergarten für Eltern faßbar, durchschaubar und verständlich zu machen und damit zur Stärkung der Erziehungskraft der Familien beizutragen. Wir brauchen also auch Fröbel'sches Gedankengut in einem Kindergarten der Zukunft.

6.3 Ellen Key, 1849 bis 1926

Die schwedische Reformpädagogin Ellen Key will das Augenmerk wieder auf das Kind lenken. Ihr 1900 erschienenes Buch: „Das Jahrhundert des Kindes" erregte großes Aufsehen. Es wurde vor wenigen Jahren neu aufgelegt, was nicht zuletzt auch heißt, daß die Fachwelt die Bedeutung ihrer Gedanken erkannt hat. Einige ihrer für mich wichtigsten Aussagen und gleichsam auch Wegweiser für einen neustrukturierten Kindergarten sind u.a.:

„Das Kind hat seine eigene unendliche Welt, um sich darin zurechtzufinden, sie zu erobern, sich hineinzuträumen – aber was erfährt es? Hindernisse, Einengungen, Zurechtweisungen den lieben langen Tag. Das Kind soll immer irgend etwas bleiben lassen, oder etwas anderes tun, etwas anderes finden, etwas anderes wollen, als was es tut oder findet oder will; immer wird es nach einer anderen Richtung geschleift, als nach der sein Sinn weist. Und all dies oft aus purer Zärtlichkeit, aus Wachsamkeit, aus dem Eifer zu richten, zu raten, zu helfen, das kleine Menschenmaterial zu einem vollkommenen Exemplar in der Modellserie ‚Musterkinder', zuzuhauen und zu polieren! ... Der Erzieher will das Kind mit einem Schlage fertig und vollkommen haben; er zwingt ihm eine Ordnung, eine Selbstbeherrschung, eine Pflichttreue, eine Ehrlichkeit auf, die die Erwachsenen sich dann mit staunenswerter Geschwindigkeit abgewöhnen! Wenn es sich um Fehler der Kinder handelt, siebt man im Hause wie in der Schule Mücken, während man täglich Kindern die Kamele der Erwachsenen schlucken läßt! ... Ein Kind erziehen – das bedeutet, seine Seele in seinen Händen tragen, seinen Fuß auf einen schmalen Pfad setzen. Das bedeutet, sich niemals der Gefahr auszusetzen, im Blick des Kindes der Kälte zu begegnen, die uns ohne Worte sagt, daß das Kind uns unzureichend und unberechenbar findet; das bedeutet, demutsvoll einzusehen, wie der Möglichkeit, dem Kinde zu schaden, unzählige sind, der ihm zu nützen, wenige. Wie selten erinnert sich der Erzieher, daß das Kind schon im Alter von

4, 5 Jahren die Erwachsenen erforscht und durchschaut, mit einem wunderbaren Scharfsinn seine bewußten Wertungen anstellt, mit bebender Sensivität auf jeden Eindruck reagiert! Das leiseste Mißtrauen, die geringste Unzartheit, die kleinste Ungerechtigkeit, der flüchtigste Spott können lebenslängliche Brandwunden in der fein besaiteten Seele des Kindes zurücklassen, während andererseits die unerwartete Freundlichkeit, das edle Entgegenkommen, der gerechte Zorn sich ebenso tief in diese Sinne einprägen, die man weich wie Wachs nennt, aber behandelt, als wären sie aus Ochsenleder!“ (Ellen Key, 1992, S. 77 ff).

Ein Kommentar erübrigt sich. Vielleicht schaffen wir es, all diese Fehler in einem Kindergarten 2010 nicht mehr zu machen.

6.4 Maria Montessori, 1870 bis 1952

Auch sie gehört in die pädagogische Bewegung vom Kinde aus. Sie ist überzeugt, daß das Kind einen Bauplan der Seele in sich trägt und sich selbst zum Menschen emporarbeitet. Die Menschen in seiner Umwelt müßten nur seine Entwicklungsbedürfnisse wahrnehmen und erspüren und demgemäß die Umgebung vorbereiten. Nach ihrer Auffassung führt der Weg vom Chaos zur Ordnung und von den Sinnen zum Inneren. Aus diesem Grunde sind ihr Sinnesschulung – die Isolation der Sinne – und Konzentration ganz besonders wichtig. Der Erzieher muß ihrer Ansicht nach in den Hintergrund treten. Das Kind signalisiert, wenn es Hilfe braucht. Es soll und will seine Arbeit selbst bewältigen und verlangt vom Erzieher nur: „Hilf mir, es selbst zu tun.“ Der Erzieher darf also nicht – wie heute leider oft im Kindergarten, aber auch die Eltern daheim – zum Animateur für Kinder werden, die nicht mehr wissen, was sie tun sollen, da sie nie gelernt haben, die Anreize in ihrer Umwelt aufzugreifen und sich selbst zu betätigen.

„Die Gegenstände sind die Hauptsache und nicht der Unterricht der Lehrerinnen; da das Kind sie benutzt, ist es selbst das tiefe Wesen und nicht die Lehrerin. Die Lehrerin hat jedoch zahlreiche, nicht leichte Aufgaben: Ihre Mitarbeit ist keineswegs ausgeschaltet, doch sie wird vorsichtig, feinfühlig und vielfältig. Ihre Worte, ihre Energie, ihre Strenge sind nicht erforderlich, doch es bedarf einer Weisheit, die, dem einzelnen Fall oder den Bedürfnissen entsprechend, umsichtig ist bei der Beobachtung, beim Dienen, beim Herbeieilen oder beim Sichzurückziehen, beim Sprechen oder Schweigen… Die Lehrerin soll den Gebrauch des Materials erklären. Sie dient hauptsächlich als Mittler zwischen dem Material (den Gegenständen) und den Kindern. Das ist eine einfache, bescheidene und doch sehr viel diffizilere Aufgabe… Um das Material zu kennen, darf sich die Lehrerin nicht damit begnügen, es gemäß Anleitung aus dem Buch anzusehen, zu untersuchen oder seinen Gebrauch durch die Vorführung zu erlernen. Sie muß sich lange darin üben, um so zu versuchen, durch Erfahrung die Schwierigkeiten oder das Interesse, das jedes Material bieten kann, abzuschätzen und die Eindrücke, die es dem Kind vermitteln kann, wenn auch unvollkommen, zu interpretieren. Hat dann die Lehrerin die erforderliche Geduld, so lange die ,Übungen zu wiederholen' wie ein Kind, dann kann sie an sich selbst die Energie und die Ausdauer ermessen, zu denen das Kind in einem bestimmten Alter fähig ist... Schließlich ,wacht' die Lehrerin darüber, daß ein in seiner Arbeit vertieftes Kind nicht durch ein anderes gestört wird. Dieses Amt eines ,Schutzengels' der Wesen, die sich auf das Bemühen konzentrieren, das sie erhöhen soll, gehört zu den erhabensten Aufgaben der Lehrerinnen" (Maria Montessori, 1969, S. 167 ff).

Solche hier beschriebenen Erzieher (Lehrer) werden wir im Kindergarten 2010 brauchen. Erzieher, die dem Kind wieder kindliche Lebens- und Erfahrungsräume eröffnen und die die Kindertagesstätte zu einer Stätte werden lassen, in der das Kind im Zentrum steht – nicht das überbehütete Kind, sondern das selbsttätige Kind. Nehmen wir also auch Gedanken aus der Montessori-Pädagogik mit in unsere neuen Kindergartenkonzepte. Übrigens, der alleinige Einsatz des Montessori-Materials führt noch lange nicht zu den Grundprinzipien der Montessori-Pädagogik.

6.5 Rosa Agazzi, 1866 bis 1951 und Carolina Agazzi, 1870 bis 1945

Die von den Schwestern vertretene Kleinkindpädagogik knüpft im Elternhaus an und wollte dieses in seiner Erziehungsarbeit unterstützen. Rosa Agazzi vertritt dabei die Methodenfreiheit und will Kindern das Leben lehren in einer sich verändernden Gesellschaft. Sie gab den Kindern Dinge zum Handeln, und aus den Handlungen sollten Gewohnheiten für das Leben werden. Alle Tätigkeiten werden von den Kindern frei gewählt. Die Erzieherin bleibt in der Distanz, beobachtet, lenkt, wo es notwendig ist oder stellt Angebote zur Verfügung und begleitet in natürlicher Bereitschaft das Tun der Kinder. Die Konzeption der Schwestern Agazzi hat zwei Schwerpunkte:

- Das Spiel als freie und kindgemäße Aktivität,
- und die Ordnung, die alles Leben durchdringt.

Ihre Methode breitete sich nur in Italien aus, überzeugte jedoch durch Natürlichkeit und Einfachheit. Alle Tätigkeiten der Kinder, die selbst diese Tiefen ergreifen, definierte sie als Spiel. Die Kinder spielen, proben, üben so lange, bis sie zu einem befriedigenden Ende gekommen sind. Die Erziehung begleitet und hilft, wenn notwendig. Da die Schwestern Agazzi von altersgemischten Gruppen ausgehen, ist eine ihrer wichtigsten Prinzipien, daß die Kinder der verschiedenen Altersstufen voneinander lernen. Die Kinder brauchen Freiheit, damit sie aktiv werden können und spontan mit situativen Ansätzen umgehen lernen. Ordnung hat einen hohen Stellenwert und ersetzt Disziplin. In ihrem Buch „Guida per le educatrici dell' infanzia“, beschreibt Rosa Agazzi die Ordnung als Bildung einer uneingeschränkten Freiheit innerhalb einer selbstgeordneten Freiheit, die von den Kindern auch selbst geschaffen wird. Die Umwelt des Kindes wird einbezogen in die Pädagogik. Die Erfahrungswelt der Kinder wird angereichert und ergänzt. Ein wichtiges Mittel zur Erziehung ist das „didaktische Museum“, für das die Kinder selbst Dinge ihres Interesses mitbringen und die dann für das kindliche Lernen erschlossen werden. Sie verwendete ganz gewöhnliche Alltagsmaterialien – all das, was für Kinder besonders reizvoll und interessant war. Kein Ding ist nach Auffassung der Schwestern Agazzi unnütz, wenn man weiß, daraus einen Nutzen zu ziehen. So gehören zu ihrem Konzept richtige Sammlungen, eben das didaktische Museum, lebendig durch wechselnde Inhalte. Von der Erzieherin wird allerdings eine gründliche Kenntnis der Materialien erwartet. Erziehen heißt für Agazzi, leben lassen und zum Leben erwecken, gelehrt wird durch Erziehung – in großer Zuneigung zum Kind.

6.6 Janusz Korczak, 1878 bis 1942

Janusz Korczak studierte ursprünglich Medizin und war als Militärarzt im russisch-japanischen Krieg, später Arzt in Warschauer Kinderkrankenhäusern. In seiner Freizeit arbeitete er als Erzieher in Ferienkolonien für Kinder, bis er die Leitung eines Waisenhauses übernahm. Mit 200 jüdischen Kindern starb er 1942 im Vernichtungslager Treblinka. Uns ist er heute als großer Pädagoge bekannt durch seine Vielfalt von Veröffentlichungen. Immer steht das Kind im Mittelpunkt seiner Gedanken. Auch er versteht sich als ein Anwalt der Kinder. Er gibt aber in seinen Ausführungen den Erziehern viele Hinweise für einen guten Erziehungsalltag. So endet eine seiner Erzählungen – sie trägt den Titel: „Wer kann Erzieher werden?“ – mit dem Satz: „Alle Tränen sind salzig, wer das begreift, kann Kinder erziehen, wer das nicht begreift, kann sie nicht erziehen.“

Er verweist auf die Erziehung des Erziehers durch das Kind. Der Erwachsene muß nur gut beobachten, die Reaktionen der Kinder ernst nehmen. Dann kann er viel lernen für die Gestaltung seines Erziehungsalltages.

„Das Kind lehrt und erzieht. Für den Erzieher ist das Kind das Buch der Natur; indem er es liest, reift er. Man darf das Kind nicht geringschätzen. Es weiß mehr über sich selbst, als ich über das Kind. Es befaßt sich mit sich selber in allen Stunden des Wachseins. Ich kann es nur erraten" (Korczak, 1979, S. 120).

Erinnert dies nicht an Aussagen von Maria Montessori, wenn sie vom neuen Lehrer, vom neuen Erzieher spricht, der sich zurücknehmen muß und das Kind aktiv sein läßt – aber gut beobachtet? Wieder ein Impuls für die Erziehung heute und morgen.

6.7 Situationsansatz

Viele Namen wären hier zu nennen, wenn wir alle jene Pädagogen aufzählen wollten, die durch ihr Gedankengut und ihre Anstöße zur Entstehung der situativen Pädagogik beigetragen und den Begriff „Situationsansatz" geprägt haben. Durch die Arbeit nach dem Situationsansatz sollen die Kinder befähigt werden, Situationen zu bewältigen und durch das Erfahrungslernen daraus mögliche Schlüsse für die Zukunft zu ziehen. Kinder lernen in Situationen für zukünftige Situationen. Für die „Zukunft lernen" wäre aber zu kurz gefaßt, da erst eine (nicht) bewältige Situation die notwendige Kompetenz oder Basis für zukünftige Situationen liefert. Eine situative Pädagogik geht immer von der Situation aus, in der sich Kinder gegenwärtig befinden oder in die sie in nächster Zukunft hineinkommen werden. Jede Situation hat eine Vergangenheit, eine Gegenwart und eine Zukunft. Genau hier liegt die Schwierigkeit zum rechten Verständnis des Situationsansatzes und gleichzeitig der Schritte für die Vorgehensweise:

- Analyse von Situationsanlässen,
- Überlegungen und pädagogische Zielsetzungen (Bestimmen von Zielen, die erreicht werden sollen),
- Planung und Durchführung von Projekten auf der Basis von analysierten Situationsanlässen,
- bis hin zur Bereitstellung notwendiger und ergänzender Materialien, die dem jeweiligen Thema entsprechen bzw. dazu beitragen, in Themen tiefer einzusteigen oder damit zu experimentieren.

Leider sind Erzieher oft noch der Meinung, daß sie warten müßten, dann käme die Situation, Vorbereitung würde sich erübrigen. Oder, sie vertreten die Meinung, daß Situationen ganz besondere Begebenheiten (aus der Sicht der Erwachsenen) sein müßten. Situative Anlässe ergeben sich jedoch überwiegend im Alltag und sind aktuelle, lebensgeschichtliche Ereignisse, lokale Begebenheiten oder jahreszeitlich bedingte Situationen. Das spannendste am Situationsansatz ist, daß er weit über den traditionellen Alltag des Kindergartens hinausreicht und damit über die von der Erzieherin geplanten „klassischen Kinderbeschäftigungen" hinausgeht. So trägt er auch dazu bei, die Arbeit im herkömmlichen Kindergarten aufzubrechen. Kontakte mit Menschen außerhalb der Struktur Kindergarten gewinnen an Bedeutung, Gemeinwesenorientierung wird zu einer Selbstverständlichkeit. Der Situationsansatz braucht auch eine Art „neuen Erzieher", dem es gelingt, den Kindergartenalltag neu zu organisieren und zu koordinieren. Erzieher und für den Kindergarten Verantwortliche, aber besonders auch die Ausbildung, muß umdenken lernen.

6.8 Lebensweltbezogenheit

Lebensweltbezogenheit ist noch eine Erweiterung des Situationsansatzes bzw. macht dieser Ansatz deutlich, daß die reelle Welt, in der das Kind lebt, in die pädagogischen Überlegungen einbezogen werden muß. So wird und muß jeder Kindergarten anders arbeiten. Jede Einrichtung liegt an einem anderen Ort, hat andere Eltern, Kinder, Erzieher und lebt von unterschiedlichen Kontakten. Die Möglichkeiten, die die Lebenswelt oder das Lebensumfeld eröffnen, werden in die Alltagsgestaltung einbezogen. Dazu gehört der Besuch der Eltern an ihrem Arbeitsplatz, die Benutzung der zur Verfügung stehenden öffentlichen Verkehrsmittel ebenso wie die Situation alleinerziehender oder berufstätiger Eltern. Die Lebensrealitäten finden Eingang in den Kindergarten, werden kindgemäß in die Arbeit einbezogen, schaffen dadurch die Möglichkeit, das Kind dort abzuholen, wo es steht.

6.9 Vielfalt der Integration

Integration ist ein Schlagwort geworden, nicht zuletzt durch die bundesweit durchgeführten Modellversuche der gemeinsamen Betreuung behinderter und nichtbehinderter Kinder. Aber Integration ist viel mehr. Lateinisch ‚integratio' heißt die Wiederherstellung eines Ganzen. Integration im weitesten Sinne ist demnach – bezogen auf Kinder – die gelungene Förderung des harmonischen Zusammenlebens von ganz verschiedenen Kindern, von Menschen mit ganz verschiedenen Bedürfnissen. Alle Kinder einer Kindergruppe sollen sich wohlfühlen, glücklich sein, ganz gleich, ob sie behindert oder nichtbehindert, ausländischer Herkunft sind, aus sogenannten Randgruppenfamilien kommen, super begabt oder weniger begabt sind, still, zurückgezogen oder temperamentvoll sind. Eine integrationsfördernde Atmosphäre zu schaffen, ist Aufgabe einer Kindertagesstätte. Dies bedeutet ein Loslassen von alten Prinzipien, eine Erneuerung und Aktualisierung der Kindergartenarbeit. Spezialangebote für ausländische Kinder oder Kinder mit Behinderungen sind nicht ausreichend. Der Umgang und das Leben miteinander muß „normal" werden. In ein gemeinsames Spiel vertieft spielen mangelnde Sprachkenntisse oder eine andere Hautfarbe keine Rolle mehr. Wie kann eine solche Vielfalt von Integration gelingen? Braucht dieser Anspruch nicht wirklich ausgewogener, ganzheitlicher Konzepte, lebensweltbezogen und situativ? Viele unserer Bücher zur Kindergartenpädagogik bedürfen unter diesen Gesichtspunkten einer gründlichen Überarbeitung, ebenso Ausbildungsinhalte und Lehrbücher. Es reicht nicht, nur ein paar anderssprachige Kinderlieder zu kennen. Wichtig ist für die Erzieherin die Auseinandersetzung mit den anderen Kulturkreisen, Religionen, Werten, familiären Bindungen, mit dem Fühlen und Denken von behinderten Kindern, mit den anderen Kommunikationsmustern usw. Erzieher steigen aus und empfinden die Kindergartenarbeit als Überforderung. Eben auch, weil ihnen dieser vielfältige Integrationsansatz in der Praxis nicht gelingt. Die Arbeit muß durch den Anspruch der Integration ganz anders gewichtet und strukturiert werden. Es müssen weniger unsinnige Bastelarbeiten den Alltag füllen, als vielmehr Leben. Ein Kindergarten 2010 wird mit Leben erfüllt sein, viel Raum bieten für die unterschiedlichen Bedürfnisse. Es wird viel Druck von Erziehern genommen werden, wenn die Bereitschaft zur Umstrukturierung wächst. Bei Gesprächen mit Erziehern hört man immer wieder: „Noch mehr Aufgaben, was sollen wir denn noch alles tun?" Keine Erzieherin fragt sich: „Warum tue ich das *immer noch*? Ist es nicht schon längst überflüssig?" Hier beginnt die Umstrukturierung und hier beginnt auch die Integration der neuen Situationen im Kindergartenalltag. Durch das Loslassen von längst Überflüssigem entstehen neue Freiräume.

6.10 Altersstrukturierung

Die Kindergartengesetze sprechen von altersgemischten Gruppen, das heißt, in der Regel Kinder ab dem dritten Lebensjahr bis zum Eintritt in die Schule. Noch längst nicht überall wird dies realisiert.

Altersgleiche Gruppeneinteilung gehört hier und da immer noch zum Alltag. Erzieher glauben, daß es einfacher sei, Eltern glauben, daß ihre Kinder so besser gefördert werden und Träger, daß für die Dreijährigen gutes Fachpersonal gar nicht so wichtig sei. Es gibt sogar mancherorts die Besserstellung von Erzieherinnen – höhere finanzielle Eingruppierung – wenn sie täglich die Fünfjährigen besonders fördern – 20 Minuten aus der Gruppe nehmen und „drillen“. Daneben sprechen wir von altersübergreifenden Gruppen für Kinder von einem bis 15 Jahren. Wie geht dies alles zusammen?

Das Wort **„Kinderhaus“** ist vielerorts zu einem modernen Schlagwort und gleichzeitig zu einem Reizwort geworden. Es gibt Erwachsene, die würden am liebsten alle Kindergärten auflösen und in Kinderhäuser mit altersübergreifenden Familiengruppen umwandeln. Verantwortliche Entscheidungsträger glauben sogar, daß man dazu kein besonderes Raumprogramm und auch nicht mehr Personal bräuchte. Sie sprechen von Übertragbarkeit auf Regelgruppen. Letzteres hieße dann sogar, daß man von 15er Gruppen auf 25er Gruppen umrüsten könnte?! Wer neue Konzepte realisieren will, muß auch den Mut haben, die Rahmenbedingungen, wie die Gruppenstrukturierung, in Frage zu stellen. Er muß aber gleichzeitig auch bereit sein, an der Schaffung neuer Rahmenbedingungen mitzuwirken. Wir sprechen bei altersübergreifenden Gruppen z.B. vom „Haus der Familie“, vom Kinderhaus, vom Haus für Kinder und Familien. Alles sehr gute, aktuelle und pädagogisch sinnvolle Ansätze. Aber welche Räume brauchen wir dafür, welche Raumausstattung, welche Mitarbeiter, welche Materialien? Es wird zu schnell Etikettenschwindel betrieben. Das Schild Kindergarten wird ausgetauscht, aber deshalb ist die Einrichtung noch lange kein Kinderhaus. Mit Entsetzen muß man feststellen, daß viele Gremien davor zurückschrecken, jahrzehntelange Traditionen auch nur in einigen Punkten einmal in Frage zu stellen. Kritisch reflektieren heißt aber nicht, daß alles in der Vergangenheit Praktizierte für schlecht erklärt werden muß. Vielmehr gilt es doch nur zu überprüfen, ob es heute noch Gültigkeit hat und was richtungsweisend für die Zukunft ist. Das Sich-Trennen von Dingen fällt jedem Menschen schwer, doch ist es unverzichtbar. So werden wir den Kindergarten 2010 nur erreichen, wenn wir Mut zu neuen Strukturen und Inhalten haben. Dann wird es z.B. altersübergreifende Gruppen geben, in denen Fachkräfte und Laien zusammenarbeiten und ähnliches.

Es muß wiederholt werden: die Aufnahme von Kindern zwischen 0 und 15 Jahren macht noch lange nicht ein Kinderhaus aus und erfüllt damit die qualitativen Bedingungen, die dieses braucht.

7. Rahmenbedingungen

Es fällt leicht, auf die Rahmenbedingungen – die ja schon punktuell angesprochen wurden – überzugehen. Rahmenbedingungen können aber erst aufgestellt werden, wenn bekannt ist, was wirklich gewollt ist.

7.1 Räumliche Rahmenbedingungen

Hier spielt die Inanspruchnahme des Kindergartenangebotes eine wichtige Rolle. So unterscheiden sich die Rahmenbedingungen

- eines Kindergartens, der drei Stunden täglich geöffnet hat,
- von einem Kindergarten mit Ganztagsbetrieb und Öffnungszeiten von 7.00 bis 17.00 Uhr,
- von einem Kindergarten, in dem behinderte Kinder betreut werden,
- von einem Kindergarten im ländlichen Bereich,
- von einem Kindergarten in der Großstadt,
- von einem Kindergarten bzw. einem Kinderhaus,
- von einem Kindergarten-Familienzentrum usw.

Die Art des Kindergartens bestimmt das Rahmenprogramm. Als ein weiteres wird es notwendig sein, festzustellen, was in der Einrichtung geschehen soll. Liegt der Kindergarten neben der Schule, kann man überlegen, ob er wirklich eine eigene Turnhalle braucht oder ob die Schulturnhalle mitgenutzt werden kann. Wird im Kindergarten gekocht und Kinder über Mittag versorgt, bietet sich vielleicht eine große Wohnküche an, in der Kinder am Kochen beteiligt werden können. Soll ein Kinderhaus entstehen, dann reicht ein Gruppenraum nicht aus, denn es werden Rückzugsbereiche gebraucht, Schlafmöglichkeiten. Ein wohnungsähnliches Raumprogramm bietet sich in diesem Fall an, usw. Mit einer Festlegung von xx qm pro Kind werden wir auch den Bedürfnissen nicht gerecht. Doch wer denkt über solche Rahmenstrukturen nach? Wie viele „Denkmäler" gibt es, Kindergärten, neuerrichtet, hohe Räume mit wunderschönen Giebeln usw., aber die Nutzfläche für Kinder dagegen ist...

7.2 Personelle Rahmenbedingungen

Jede starre Festlegung engt ein, also auch z.B. ein Personalschlüssel, der einzig und allein an der Zahl der Kindergruppen orientiert ist. Es finden sich Kindergärten, die sechs Stunden mit den Kindern arbeiten, und Kindergärten, die bis zu 10 Stunden mit den Kindern arbeiten. Beide haben den gleichen Personalschlüssel. Welche Konsequenzen dies für die Qualität der Arbeit hat, beschreibt eine Erzieherin:

„Unser Kindergarten öffnet um 7.00 Uhr. Da einige Betriebe in der Nähe bereits um 7.15 Uhr beginnen, kommt zwischen 7.00 und 7.15 Uhr bereits ein gutes Drittel der Kinder. Bis auf einige Langschläfer sind um 8.15 Uhr alle Kinder da. Das heißt, das Personal muß zu dieser Zeit auch zur Verfügung stehen. Bei 75 Kindern in unserer Einrichtung bleiben 50 Kinder über Mittag und essen im Kindergarten. Einige werden dann um 14.00 Uhr abgeholt. 35 Kinder bleiben bis zum Abend, von 14.00 bis 17.00 Uhr kommen 20 neue Kinder dazu. Unsere Stellenbesetzung ist im Verhältnis zu Nachbareinrichtungen noch immer gut, denn jede Gruppenleiterin ist eine Erzieherin. Mit in der Gruppe arbeitet jeweils eine Kinderpflegerin. So haben wir nicht jährlich den Wechsel von Praktikanten. Dennoch wird es sehr eng. Zehn Stunden Öffnungszeit pro Tag ergibt 50 Stunden pro Woche. Für diese 50 Stunden stehen pro Gruppe 77 Einsatzsstunden des Personals gegenüber. Vorbereitungszeit, Fortbildung, Krankheit abgezogen heißt das, daß nur ganz wenige Stunden am Tag zwei Betreuer in der Gruppe sind. Bei Ausfall einer Kraft bekommen wir keine Vertretung. Der Träger verbietet uns, Eltern hereinzulassen... Die Arbeit, insbesondere mit den immer schwieriger werdenden Kindern, ist kaum mehr befriedigend durchzuführen. Ob ich in den Hort wechsle? Dort habe ich keine solch langen Öffnungszeiten, nur während der Ferien..."

Ein Beispiel – aber kein Einzelfall!

Die personellen Rahmenbedingungen entsprechen hier nicht mehr den tatsächlichen Bedürfnissen. Sie stammen aus der Zeit, als eine Vormittags- und eine Nachmittagsöffnung des Kindergartens üblich waren.

Wir können unter derartigen Bedingungen wirklich nicht darauf hoffen, daß der Kindergarten sich weiterentwickelt. Die Erzieherin hat voll zu tun und schafft dennoch nur das Allernötigste. Kinder brauchen kreative Freiräume, aber auch Erwachsene. Die Verfügungszeit dient u.a. auch der Weiterentwicklung, dem Teamgespräch, der kollegialen Beratung. Ein Kindergarten 2010 braucht aufgrund seines Gesamtkonzeptes einen veränderten Personalschlüssel. So kann auf die

Kooperation mit Laien nicht verzichtet werden. Ebenso aber braucht er die Mitarbeit von Heilpädagogen, Krankengymnasten, Logopäden... usw. Aber es darf hier keine Festlegung erfolgen. Der Personalschlüssel muß sich ausrichten am Konzept der Einrichtung und an den Bedürfnissen der Kinder und Familien, die mit der Einrichtung in Kontakt sind. Wird der Kindergarten zu einem Gemeinwesenzentrum erweitert, so gehören zum erweiterten Team vielleicht auch eine Altenpflegerin oder die Mitarbeiterinnen der Tagesmutterbörse. Sie werden alle gut zusammenarbeiten und voneinander profitieren. Dies kommt nicht zuletzt nur den Kindern, sondern auch allen Menschen, die sich in der Einrichtung begegnen, zugute.

7.3 Finanzielle Rahmenbedingungen

Wir werden in den nächsten Jahren unter einem starken Diktat der Finanzen leben müssen. Da stellt sich die Frage, wie es trotzdem zu einer Weiterentwicklung des Kindergartens kommen soll?

Die finanziellen Rahmenbedingungen im Kindergarten sind seit jeher in den Bundesländern ganz verschieden und reichen von Pauschalzuschüssen pro Platz, pro Kind, pro Jahr bis hin zu einer gesetzlich geregelten Baukosten- und Personalkostenförderung. Für alle neuen Entwicklungen im Kinderbetreuungsbereich gibt es vielerorts noch keine klare Regelung, insbesondere wenn es sich um Mischfinanzierungen verschiedener Kostenträger handelt. Wie sollen nun finanzielle Rahmenbedingungen für den neuen Kindergarten im Jahr 2010 aussehen? Die Tatsache, daß der Kindergarten mit verschiedenen Diensten vernetzt sein wird, macht ihn für die öffentliche Hand nicht unbedingt teurer. Die integrierten Dienste müssen auch ohne die Weiterentwicklung des Kindergartens angeboten werden.

Ein treffendes Beispiel ist der Bereich der **Tagespflege**: Eine Tagesmutterbörse kann ohne weiteres im Kindergarten aufgebaut werden. Jede Familie hat irgendwann mit dem Kindergarten Kontakt. Eine Mutter kann die Koordination der Tagespflege übernehmen und vor allem alle Kindergartenfamilien befragen, wer eventuell bereit wäre, ein Kind zu betreuen. Natürlich braucht es die Bereitschaft des Kindergartens. In einem „neuen" Kindergarten wird Teamarbeit und Kooperation selbstverständlich sein, so daß es keine Probleme geben wird. Eine kleine finanzielle Unterstützung der Aktion durch den verantwortlichen Träger der öffentlichen Jugendhilfe sichert und unterstützt diese Arbeit.

Eine Mutter-Kind-Gruppe nutzt eimal pro Woche am Nachmittag einen Raum im Kindergarten. Es entstehen so keine Mietkosten, die öffentlich geförderten Kindergartenräume können voll genutzt werden.

Wie viele Kindergärten gibt es, die ihren Mehrzweckraum (Turnraum) pro Gruppe höchstens ein- bis zweimal in der Woche nutzen...

Ein Mütterzentrum kann in einen Kindergarten eingegliedert werden, die Sprechstunde einer Erziehungsberatungsstelle usw.

Es bedarf keiner Kostenberechnungen, um zu verdeutlichen, daß ein solches integriertes Arbeiten, das Entstehen eines Familien-Zentrums nicht nur mit Kostensteigerungen zu realisieren ist. Bereitschaft zur Öffnung, Zusammenarbeit von Professionellen und Laien kostet nichts – doch, sie kostet Engagement, Einsatz, Aufbauarbeit. Sie fordert den Erzieher, seine Tätigkeiten zu „entrümpeln" und zu reduzieren auf das, was aktuell notwendig ist.

Ich erinnere mich an einen Besuch in einem Kindergarten (als Fachberaterin). Die Kindergartenleiterin hatte am Nachmittag die Kinder aus beiden Gruppen zusammengenommen: 15 und 20 Kinder. Die übrigen Mitarbeiter saßen im Mehrzweckraum und bereiteten über Monate hinweg den Basar vor. Besonders in Erinnerung geblieben ist mir die Kinderpflegerin, die aus rosa Wolle Schweinchen strickte. Ich höre sie noch tief durchatmen und sagen: „25 habe ich schon!" Solch falscher Personaleinsatz schadet den Kindern! Mißbrauch von Personalkostenzuschüssen?? Die Begründung, daß das Spielgeld zu knapp sei und man deshalb Einnahmen des Basars bräuchte oder daß es nur neue Spielgeräte gäbe, wenn ... kann und darf nicht akzeptiert werden. Es ist ein Widerspruch in sich, wenn eines Teils die schlechte Personalausstattung in Kinderbetreuungseinrichtungen beklagt wird, für die zunehmende Zahl verhaltensauffälliger Kinder mehr Personal gefordert wird und dann die pädagogischen Mitarbeiter als „Bastelmaschinen" eingesetzt werden.

Eine wichtige Veränderung der finanziellen Rahmenbedingungen ist allerdings erforderlich: Die Finanzierung muß sich nach dem Konzept und den Öffnungszeiten einer Einrichtung richten, aber auch nach den sonstigen Angeboten (z.B. Erwachsenenbildungsangebote, Mütterzentren ...). Auch kleinere Beträge an Aufwandsentschädigung für mitwirkende Laien, Ehrenamtliche müssen Berücksichtigung finden.

7.4 Ausstattung

Unter dem Stichwort Raumkonzept wurde bereits auf die Ausstattung eingegangen, deshalb hier nur noch einige knappe ergänzende Gedanken. Es ist selbstverständlich, daß wir in einem Kindergarten 2010 – einem Zentrum für Kinder und Familien – auch eine veränderte oder besser eine erweiterte Ausstattung brauchen. Zum einen muß sie den Bedürfnissen der verschiedenen Altersstufen der Kinder entsprechen, zum anderen muß sie aber auch den Aktivitäten der Erwachsenen Raum geben, z.B. einer Müttergruppe. Für Räume, in denen Erwachsenenarbeit stattfindet, werden allerorts besondere Möbel angeschafft. Könnten nicht auch für einen Kindergarten eine Anzahl große Stühle – stapelbar – bereitgestellt werden? So kann sich der große Flur oder der Eingangsbereich leicht an einigen Tagen zu einem Müttertreff umgestalten lassen oder sich ein Gesprächskreis treffen...

Auf alle Fälle müssen wir einfallsreich sein, dabei aber darauf achten, daß eine harmonische und sichere Raumatmosphäre – der Lebensraum für die Kinder – nicht beeinträchtigt wird. Hier gilt es zu überlegen, sensibel umzugestalten, kreativ zu sein und dennoch das Kind als zentralen Mittelpunkt im Auge zu behalten.

7.5 Ein Gesetz – viele Konzepte – individuelle Lösungen

Je mehr Formen der Kinderbetreuung sich entwickeln, desto schwieriger wird es, diese – und deren Rahmenbedingungen – gesetzlich zu verankern. Eine schon relativ lange Geschichte haben im Kinderbetreuungsbereich die Kindergartengesetze. Sie legen fest, was ein Kindergarten ist, seine Finanzierung, seine Inhalte und Rahmenbedingungen. Durch die doch sehr rapid sich vollziehende Weiterentwicklung in der Kinderbetreuung in den letzten Jahren sind die Verantwortlichen aber auch immer wieder an die Grenzen solcher Gesetze gestoßen.

Das neue Kinder- und Jugendhilfegesetz widmet der Förderung von Kindern in Tageseinrichtungen und in Tagespflege seinen dritten Abschnitt – die §§ 22 mit 26. Die Grundsätze der Förderung von Kindern in Tageseinrichtungen finden wir in § 22:

„1. In Kindergärten, Horten und anderen Einrichtungen, in denen sich Kinder für einen Teil des Tages oder ganztags aufhalten (Tageseinrichtungen), soll die Entwicklung des Kindes zu einer eigenverantwortlichen und gemeinschaftsfähigen Persönlichkeit gefördert werden.
2. Die Aufgabe umfaßt die Betreuung, Bildung und Erziehung des Kindes. Das Leistungsangebot soll sich pädagogisch und organisatorisch an den Bedürfnissen der Kinder und ihrer Familien orientieren.
3. Bei der Wahrnehmung der Aufgaben sollen die in den Einrichtungen tätigen Fachkräfte und andere Mitarbeiter mit dem Erziehungsberechtigten zum Wohle der Kinder zusammenarbeiten. Die Erziehungsberechtigten sind an den Entscheidungen in wesentlichen Angelegenheiten der Tageseinrichtungen zu beteiligen.“

Der Gesetzgeber hat mit dieser Formulierung wirklich nur einen äußeren Rahmen festgelegt, innerhalb welchem er grundsätzliche Dinge gesetzlich verankert hat:

- Die Entwicklung des Kindes zu einer eigenverantwortlichen und gemeinschaftsfähigen Persönlichkeit;
- Betreuung, Bildung und Erziehung;
- Richtziel sind die Bedürfnisse von Kindern und Familien;
- das Wohl der Kinder soll gesichert werden,
- und die Erziehungsberechtigten sind einzubinden.

Dieses „Gerüst" ist deshalb so wichtig, weil viel zu schnell äußere Rahmenbedingungen zu Leitlinien werden und innere Rahmenbedingungen – wie z.B. die Grundbedürfnisse von Kindern – einfach nicht beachtet werden. Bei der Forderung nach Ausführungsgesetzen der Länder zum Kinder- und Jugendhilfegesetz stehen auch überwiegend die äußeren Rahmenbedingungen im Mittelpunkt. Natürlich sind Räume notwendig, natürlich brauchen Kindergärten fachlich ausgebildete Mitarbeiter, natürlich empfiehlt es sich, Inhalte der pädagogischen Arbeit näher zu definieren. Aber es dürfen solche Regelungen nicht zu einer Erstarrung führen und Neues und Weiterentwicklungen behindern.

Im Sonderdruck des Bundesministeriums für Frauen und Jugend zum Kinder- und Jugendhilfegesetz lautet eine Überschrift: „Kinder brauchen Kinder", und weiter heißt es: „Kinder brauchen Kinder. Das kann nicht oft genug betont werden. Derzeit lebt in mehr als der Hälfte aller Familien nur ein Kind. Kinder wachsen ohne gleichaltrige Spielkameraden auf, viele haben keine Gelegenheit, unter Gleichaltrigen Sozialverhalten einzuüben. Dazu kommt, daß Kinder aufgrund unserer Lebensweise und der Verstädterung ihres Wohnumfeldes imnmer weniger einfach „auf der Straße" Kontakte knüpfen und Erfahrungen sammeln können. Das Verständnis von Erziehung hat sich gewandelt ... Was sind Tageseinrichtungen für Kinder? Mit dem Begriff „Tageseinrichtungen für Kinder" sind sowohl Einrichtungen gemeint, die nur für einen Teil des Tages offen sind, als auch diejenigen, die vormittags und nachmittags (mit oder ohne Mittagspause) fünf Tage in der Woche geöffnet haben. Das Gesetz nennt als typische Beispiele Kindergärten ... Daneben setzen sich immer mehr Betreuungsformen durch, die die starren Altersgliederungen durchbrechen."

Ein Gesetz für den Kindergarten oder für Kindertagesstätten muß Spielräume haben. Vielleicht wäre es leichter, auf Veränderungen zu reagieren, wenn detaillierte Regelungen nur über Verordnungen, Verwaltungsvereinbarungen, Richtlinien gelöst würden? Dem widersprechen aber vielleicht die Ängste vieler Träger, daß sich Staat und

„Ist Träumen schön! Ob der Traum vom neuen Kindergarten wahr wird?"

Kommunen dann ihrer – insbesondere finanziellen – Verantwortung entziehen könnten. Vielleicht könnte es bei einem Kindergarten 2010 aber auch so sein, daß Gesetze festlegen, daß nach Konzept der Einrichtung gefördert wird und eventuell ein Höchstbetrag pro Kind festgelegt wird, oder daß vielleicht überhaupt nur von einer staatlichen Pro-Kind-Förderung ausgegangen wird und der Träger/die Kommune im Zusammenwirken mit den Erziehungsberechtigten am Wohl des Kindes ausgerichtete Betreuungsformen schafft ... Viele Möglichkeiten und Anregungen zur Erprobung neuer Wege für ein neues Jahrtausend.

8. Visionen – Träume

Sind Begriffe wie Erscheinungsbild, träumerisch, versonnen, gedankenverloren (siehe Duden Herkunftswörterbuch) wirklich Begriffe, die wir mit der Weiterentwicklung der Kinderbetreuungsangebote in Verbindung bringen dürfen? Ich meine: Ja. Denn es bietet uns die Chance, uns wenigstens für kurze Augenblicke loszulösen von der Realität, von allen Einschränkungen. Es ist ähnlich wie bei der Kreativ-Methode des Brainstorming. In der ersten Phase dürfen alle Ideen ausgesprochen werden. Nichts ist falsch oder richtig. Später wird dann sortiert und auf Brauchbarkeit überprüft. Genau das brauchen wir für den neuen Kindergarten. Wir müssen Träume, Visionen haben, uns überlegen, wie er sein könnte...

8.1 Prozesse

„Fortgang, Verlauf, Ablauf, Hergang, Entwicklung"... aus lateinisch processus, „Fortschreiben"... (Duden Herkunftswörterbuch).

Visionen und Träume können, sollen und müssen Prozesse auslösen, wenn wir sie zulassen. Wir beginnen nachzudenken, schreiten fort von unseren Standpunkten. Das heißt, daß uns neugewonnene Standpunkte ermöglichen, unsere bisherigen Ansichten auch aus der Distanz zu betrachten, in anderem Licht, in anderem Schatten. Im Prozeß bleiben heißt aber auch, aktuell bleiben und das wiederum ist gefordert, wenn wir dem Anspruch, auf die Bedürfnisse der Kinder und Familien zu reagieren, entsprechen wollen.

Prozeßhaftigkeit heißt auch Dynamik, nicht aufgeben, wenn ein kleines oder größeres Ziel erreicht ist. Verschnaufpause. Weiter. Unser Leben verändert sich ständig, und warum ist es dann vermessen, wenn wir auch unsere Kindergärten verändern?

Ein Kurzbereicht einer Kindergartenleiterin:

„Endlich kann ich wieder so richtig durchatmen, es war ein langer Prozeß. Was? Bis ich meinen Kindergarten so in Schuß hatte. Aber ich merke schon, es muß noch weitergehen. Ich habe soviel gelernt. Acht Jahre habe ich gebraucht. Bis erstmal alles in Gang gekommen ist! Am Anfang hätte ich jedoch manchmal am liebsten aufgegeben, wenn wieder ein Rückschlag kam. Einmal kam jemand vom Jugendamt und erklärte mir, daß es nicht ginge, daß ich Mittags bis 12.00, 12.30 Uhr fünf Erstkläßler hereinlasse. Die haben mir Angst gemacht. Ich habe dann meine Haftpflicht erhöht. Mein Träger wollte mir die Betreuung dieser Kinder dann auch ausreden... Bis die Angst wieder von mir weg war! Dann besuchte mich der Verbandsfachberater kurz darauf mit der ‚Spitze' des Verbandes. Ich mußte erklären, warum ich alles anders als andere machen würde. Richtig bockbeinig habe ich reagiert und gefragt, warum sie nicht besser fragen, was ich mache, wie es meinen Kindern, Eltern, Mitarbeitern und mir geht. Ganz verlegen reagierte der Pfarrer und meinte, daß er keinerlei Beschwerden über den Kindergarten hören würde. Alle würden den Kindergarten loben (hätte er mir auch schon mal vorher sagen können), und der Zustrom sei so groß, daß wir jetzt doch überlegen müßten, ob wir nicht vorrangig die Kinder aus dem Gemeindesprengel aufnehmen sollten. Ich wurde weiter befragt, und es wurde mir erklärt, daß es unmöglich sei, daß ich das alles gar nicht schaffen könne! In mir stieg die Wut auf, und ich sagte, daß sie ruhig alle hier bleiben könnten. Eine Hospitation von mehreren Tagen würde ihnen sicher nicht schaden. So nach und nach kam es dann. Eltern hatten in anderen Kindergärten schon gefragt, warum dort nicht auch nach unserer Art gearbeitet würde. Aber, das könnte man den Erziehern nicht zumuten. Es läge an meinem Engagement, und ich hätte Glück mit meinen Mitarbeitern... Wenn ich das jetzt so niederschreibe, packt mich noch immer die Wut! Da wurde mir fast richtig eingeredet, daß der alte Kindergarten schon immer gut gewesen sei, gut ist und auch in Zukunft gut bleiben wird. Mir ist es egal. Wir machen weiter. Mittlerweile haben wir unser Konzept total verändert. Übrigens lernen unsere Kinder nicht weniger! Die Schule lobt das ausgezeichnete Sozialverhalten, die Konzentration und Ausdauer unserer Kinder. Ein Lehrer meinte, daß es komisch sei, die Kinder hätten doch soviel Freiräume und würden trotzdem so toll arbeiten. Vor kurzem hat man mir eine Stelle als Fachberaterin angeboten. Ich habe abgelehnt. Ich bleibe bei meinen Kindern. Wir machen weiter. Allerdings tun sich Praktikanten ganz schön schwer bei uns. Wenn sie mit ihren leicht überholten Beschäftigungsaufgaben kommen und gar nicht bereit sind, sich mit unserem Konzept zu beschäftigen. Aber etwas bleibt trotzdem hängen. Sie arbeiten später fast in der gleichen Art. Also, für mich gibt es kein Zurück mehr. Vor einem neuen Kindergarten 2010 fürchte ich mich nicht, auch nicht vor neuen Aufgaben. Das meiste haben wir schon erreicht. Ich denke, wir sind dem aktuellen Kindergarten schon weit voraus" (K.S., 49 Jahre, seit 19 Jahren Leiterin, wollte vor acht Jahren aussteigen, arbeitet jetzt mit Begeisterung weiter. Ich versuche sie für Fortbildungen zu gewinnen, nicht um Rezepte zu verteilen, sondern ihren prozeßhaften Weg – negativ und positiv – zu beschreiben).

8.2 Der Weg der kleinen Schritte

Das Beispiel zeigt eigentlich schon, daß wir den Weg der kleinen Schritte gehen müssen, wenn wir niemanden überfordern wollen –

vor allem nicht die Kinder. Es ist wie mit dem Beispiel des offenen Kindergartens. Es reicht eben nicht, wenn alle Türen offenstehen und die Kinder Zutritt in alle Räume haben. Dies führt unwiderruflich zum Chaos. Beobachten, Nachdenken, Träumen, langsam kleine Schritte – nur so groß, wie es unser Mut, Schwung und Selbstvertrauen zuläßt. Dann Zurückschauen, Reflektieren. Das macht Mut für den nächsten kleinen Schritt. Auch so kommt man vorwärts, beharrlich, man verliert nicht den Atem. Bei Fortbildungen schlägt mir immer wieder die Aussage entgegen: „Das geht ja sowieso nicht!" Wer so denkt, der wird nicht weiterkommen, auch keine kleinen Schritte.

Wir können jeden Tag nur die Tagesetappe erreichen. Am nächsten Tag geht es weiter – dies gilt auch für pädagogische Entwicklungen, für Angebote, die Kindern gemacht werden.

Ein fünfjähriges Kind: „Unser Kindergarten ist doof. Jedes Jahr ist total gleich. Alle Lieder, alles was wir basteln, alle Bilderbücher. Unsere Erzieherin hat einen dicken Ordner mit Blättern. Da holt sie raus, was sie mit uns macht. Heute war das Lied vom Igel dran und ein Bild. Ich kenne das alles schon auswendig." Kein Kommentar.

8.3 Erfolge und Rückschläge auf dem Weg zum Sieg – Interviews

K., Erzieherin: „Ich war nach der Ausbildung voller Ideen. Dann kam meine erste Stelle im Kindergarten. Da ich am Ort bleiben wollte, hatte ich keine große Auswahl. Ja und dann stand ich da, mit 27 Kindern und einer Vorpraktikantin, acht Stunden Öffnungszeit. Alle meine Vorstellungen zerplatzten wie Seifenblasen. Nach zwei Wochen schon wollte ich aussteigen. Eines Morgens kam eine Mutter zu mir und sagte, daß sie sehr froh sei, daß ich hier arbeiten würde, und daß ihr Kind und sie selbst sich wohlfühlen würden. Ich hatte plötzlich das Gefühl, als käme ein warmer Regen über mich. Ich dachte an diesem Tag noch oft an diese Aussage. Irgendwie begann ich die Kinder anders zu sehen. Jedes einzelne Kind war mir plötzlich viel wichtiger als mein ausgeklügeltes Programm. An diesem Abend fühlte ich mich richtig entspannt. ‚Meine Kinder' wurden in den nächsten Tagen viel ruhiger – bildete ich mir ein. Heute weiß ich, daß es an mir lag... Übrigens, diese Mutter gründete ein Jahr später in unserem Kindergarten einen Müttertreff, wenig später einen Oma-Hilfsdienst. Heute – sieben Jahre später – arbeite ich noch immer im Kindergarten. Ich bin zufrieden, allerdings nehme ich ganz andere Dinge wichtig als damals. Rückschläge habe ich auch erlitten. Ich werte sie heute als Besinnungsmomente. Manchmal bin ich auch zu forsch an Dinge herangegangen... und ganz besonders toll ist die Mitarbeit der Eltern. Ihre Mitwirkung im Kindergarten wirkt sich auch sehr positiv auf das Erziehungsverhalten in der Familie aus."

R.U., Mutter von drei Kindern: „Karla geht in den Kindergarten, die Zwillinge sind ein halbes Jahr alt. War ich froh, daß Karla einen Kindergartenplatz hatte, bevor die Zwillinge geboren wurden. Ich kannte niemanden in unserem Neubaugebiet. Die Erzieherin sprach mich eines Tages an, ob ich nicht an einer Mütterselbsthilfe Interesse hätte. Ich hatte keine Vorstellung. Sie lud mich am Nachmittag zu einer Müttergruppe ein. Dann erklärte sie, daß sie gerne ein Hilfs-Dienste-Netz der Eltern untereinander aufbauen möchte, daß ich ja wohl auch bald Hilfe bräuchte, wenn die Babies geboren seien. Eine Mutter erklärte sich bereit, die Koordination zu übernehmen. Einmal pro Monat trafen wir uns unter der ‚Leitung' der Erzieherin. Als ich ganz plötzlich in die Klinik mußte, war Karla in der vorher anonymen Nachbarschaft versorgt. Heute kann ich mich revanchieren und biete zweimal in der Woche die Betreuung für ein Baby an. Dann krabbeln drei Kinder im Kinderzimmer herum. Karla wird von einer Mutter mit in den Kindergarten genommen. Eine Psychologin, zur Zeit im Erziehungsurlaub, bot sich an, unsere Beratung in Erziehungsfragen zu übernehmen. Im nächsten Monat werden wir unser ‚Nachbarschaftshilfevermittlungszentrum' eröffnen. Nein, kein eigenes Gebäude! Die Leiterin des Kindergartens stellt uns an drei Tagen für jeweils drei Stunden ihr Büro und Telefon zur Verfügung. Babysitter, Vermittlung der Pflege kranker Kinder, Hausaufgabenbetreuung usw. sind kein Problem mehr. Das Jugendamt sagt, daß wir es ganz schön entlasten würden und gibt uns einen Zuschuß von 1000 DM im Monat für die laufenden Kosten unseres Nachbarschaftshilfevermittlungszentrums. Ein schreckliches Wort – aber es steckt eben alles drin!"

Eine solche Initiative wird es beim Kindergarten 2010 wohl in jeder Einrichtung geben, ganz selbstverständlich.

Zwei Interviews/Berichte. Ich meine, daß sie überzeugen. Erzieher werden dadurch nicht überfordert oder überlastet und müssen nicht mehr tun als bisher. Es geht ihnen besser. Sie können selbst diesen Vermittlungsdienst in Anspruch nehmen und so die Betreuung eines fiebrigen Kindes vermitteln, das sonst vielleicht in der Gruppe säße. Rückschläge wird es auch da geben. Viele Mütter/Väter brauchen eine lange Anlaufzeit, bis sie bereit sind, sich derartig zu engagieren.

8.4 Ankommen wird man nie...

Nein, ich will Sie mit der Aussage nicht entmutigen, sondern vielmehr ermutigen zum Weitermachen. Der Weg zu einem gesteckten Ziel ist gleichzeitig die Vorbereitung auf Neues, wird geprägt von Prozeßhaftigkeit und Lebendigkeit. Schließlich erreicht man das einstweilige Ziel, blickt zurück, freut sich über den erreichten Erfolg.

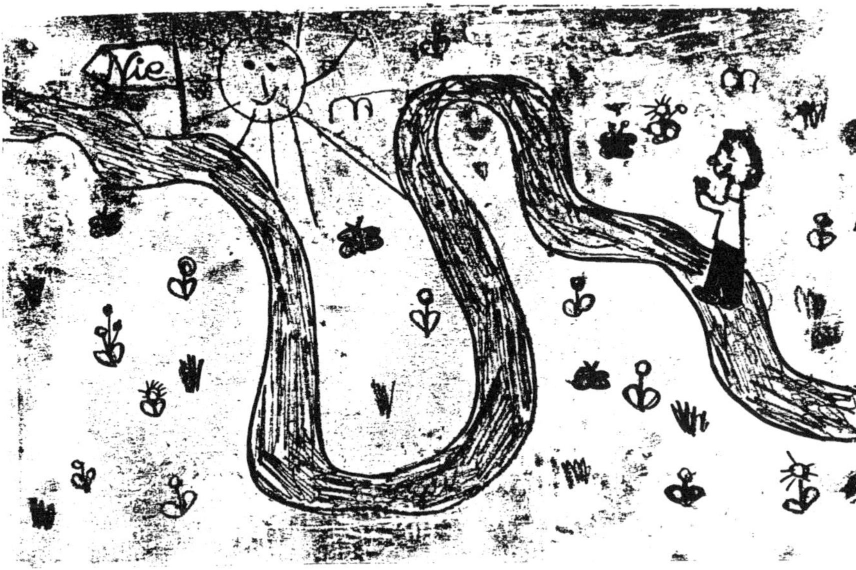

„Nie hab' ich das Gefühl, am Ziel zu sein!"

Der Blick nach vorne ist aber auch spannend. Neue Sichtweisen tun sich auf, motivieren zum Weitermachen, halten uns in Schwung und locken uns zu neuen Schritten. Wie Menschen lebendige Wesen sind, die sich von Tag zu Tag weiterentwickeln, so muß auch die Pädagogik im Fluß bleiben, will sie mit den Bedürfnissen von Kindern und Familien Schritt halten. So lebt es sich gut mit dem Wissen, daß man nie ganz ankommen wird, daß es immer etwas gibt, das anzustreben sich lohnt. So ist der Erzieher mit dem Abschluß seiner Ausbildung auch nicht ein fertiger Erzieher. Er hat breites Basiswissen erworben, das es nun gilt für die pädagogische Arbeit – in unserem Falle für die Arbeit in einem neuen Kindergarten – zu verdichten, stets zu aktualisieren und auf Bedürfnisse der Kinder auszurichten. Der Erzieherberuf wird dadurch nie langweilig, bleibt immer spannend und aufregend – wenn man sich auf Veränderungen einläßt.

Ob solches Gedankengut vielleicht im Bereich „Persönlichkeitsbildung" Eingang in die Erzieherausbildung, vor allem aber auch für die Fortbildung finden kann?

8.5 Fernziel: Der neue Kindergarten

Wie soll er heißen? Haus für Kinder und Familien oder gar Sozialzentrum? Wie wird die räumliche Gestaltung aussehen? Wie wird die Finanzierung sein? Welche Personalsituation wird die Qualität sichern? Viele offene Fragen.

So könnte es sein …

Eine Bedarfsanalyse im Stadtteil hat ergeben, daß nachfolgend aufgezählte Angebote notwendig wären: Krippe, Tagespflege, Kindergarten, Hort, Hausaufgabenhilfe, Angebote für Alleinerziehende, offener Treff für behinderte Kinder, Altenklub, Babysitterdienst, Einkaufsdienst für ältere Menschen, Hauspflege kranker Kinder, Beratung in Erziehungs- und Lebensfragen, Tagespflege für ältere Menschen usw.

Was gibt es schon im Stadtteil? Eine Krippe, einen Kindergarten – aber längst zu klein – Alleinerziehendentreff im Dachgeschoß des Gemeindehauses – ohne Raum für Kinder – ambulante Dienste, Seniorentreff einmal im Monat im Gemeinderaum (Diavorträge, Kaffeerunde), Jugendzentrum.

Wie sollen all die Angebote, die notwendig wären, geschaffen werden? Die verantwortlichen Entscheidungsträger schrecken zurück, wenn sie all die Kosten für die Vielzahl dieser Dienste aufaddieren. Trotzdem, sie sollten es tun, denn alles dient dem Gemeinwesen, wäre notwendig, damit Vorsorge getroffen wird für das Wohl von Kindern, Familien, alten Menschen.

Es wäre natürlich wirklich eine Überfrachtung des Kindergartens, würde man ihm die zentrale Vermittlerrolle oder gar die Organisation für das gesamte Gemeinwesen übertragen. Dennoch sollten wir einen Augenblick innehalten und überlegen, in welchem Bezug die einzelnen Angebote zueinander stehen und welche Rolle dabei der Kindergarten einnehmen kann. Da ist das Jugendzentrum. So richtig Betrieb ist dort erst am späten Nachmittag und Abend. Vielerlei Freizeiträume gibt es nicht. Könnte man nicht überlegen, ob in direkter Nähe nicht der Hort unterkommen könnte? Vielleicht gar Räume nützen? Vielleicht hat auch eine Hausaufgabenhilfe Platz? Ließen sich vielleicht ältere Jugendliche sogar als „Hausaufgabenhelfer“ einsetzen? Wäre nicht die enge Kooperation zwischen den Mitarbeitern im Jugendfreizeitbereich mit den Erziehern aus dem Hort (vor allen Dingen dem Hauptschulhort) ein Schritt in die Zukunft?

Doch zurück zum Kindergarten. Der längst notwendige Kindergarten und andere Einrichtungen wurden nicht gebaut in unserem Stadtteil. Dafür entstand aber ein Haus für Kinder und Familien. Es gibt eine Anzahl von Gemeinschafts- oder Mehrzweckräumen, wie z.B. ein Gymnastikraum und Turnhalle. Hier tummeln sich Kindergartenkinder, es gibt Mutter-Kind-Turnen, Schwangerengymnastik, aber auch Seniorengymnastik, auch generationenübergreifende Spielstunden finden hier statt, ebenso wie Begegnungsaktivitäten für behinderte und nichtbehinderte Kinder. Die Räume sind immer ausgelastet! Daneben gibt es in dem Zentrum größere und kleinere Gruppenräume für Gesprächsrunden und Treffen verschiedener Personengruppen: Eltern des Kindergartens, Senioren, behinderte Kinder und Eltern, Elternselbsthilfegruppen ... und natürlich gibt es Räume für den Kindergarten. Er arbeitet in altersübergreifenden Gruppen, so daß eine Krippe überflüssig ist. Kinder ab einem Jahr bis zu 12 Jahren werden hier gemeinsam betreut. Eine wichtige Ergänzung und unverzichtbar sind auch die Angebote der Kinderbetreuung in Familientagespflege. Da die Tagesmütter auch in der Einrichtung mitarbeiten – professionelle und semiprofessionelle Arbeit ergänzt sich – ist es für Kinder auch kein „Bruch“, wenn sie z.B. vormittags in der Gruppe sind und am Nachmittag bei der Tagesmutter. Gerade für Kinder, die die Gruppe noch nicht verkraften, sind solche Zwischenlösungen wichtig. Viele Kinder besuchen am Vormittag die Einrichtung und kommen am Nachmittag wieder, aber mit Mutter/Vater in eine Mutter/Vater-Kind-Gruppe. Eltern können so mit ihren und anderen Kindern aktiv werden und ihr Kind im Alltag mit anderen Kindern – besonders wichtig bei Einzelkindern – erleben.

Die Kinder kennen ihre Spielkameraden, Mütter/Väter finden Austauschmöglichkeiten zu Erziehungsfragen, können aber auch Fähigkeiten einbringen und den Kindern anbieten (gemeinsames Musizieren, Sport usw.).

Das macht den Regelkindergarten aber keineswegs überflüssig, entlastet ihn aber und führt zu einer wertvollen Ergänzung. Alle sind begeistert und froh, daß sich alles von der starren Einteilung wegentwickelt hat. Die Koordination für das Erwachsenen-Kind-Programm obliegt der Leitung des Kindergartens.

Daneben ist das Seniorenprogramm. Auch hier Öffnung und Kooperation, gemeinsames Singen und Musizieren gehört zum Alltag, ebenso gemeinsames Malen oder Basteln. Die Senioren aus der Tageseinrichtung leben richtig auf bei gemeinsamen Aktivitäten. Verschiedene Generationen lernen sich kennen, es kommt zu Kontakten, auch außerhalb der Einrichtung. Ein Kind „findet" eine Oma, und ein kinderloses älteres Ehepaar einige Enkelkinder. Der Seniorenklub bietet wöchentlich auch einen Familientag an. Hier treffen sich verschiedene Generationen, und einige Kinder aus dem Kindergarten nehmen Brettspiele und Bilderbücher mit und verabschieden sich für einige Stunden aus dem Kindergarten. Es ist schön zu beobachten, wie junge und alte Menschen voller Spannung am Mensch-ärgere-Dich-nicht-Spiel sitzen und ganz im Spiel aufgehen. Nicht alle nutzen gleich von Anfang an die Chance für solche Begegnungen. Viele beobachten zuerst. Das ist richtig. Niemand soll sich gezwungen fühlen. Es gibt keine Auftritte von Kindergruppen vor dem Seniorenkreis. Es gibt ein Miteinander. Übrigens gibt es auch Theatergruppen. Kommentar einiger Kinder: „Ist das toll. Jetzt haben wir alle Menschen zum Theaterspielen hier. Wenn ein Kind eine Oma spielt, trotz der Perücke ist es doch ein Kind, aber so richtig mit großen Leuten, das ist pfundig!" Der Seniorenklub hat ein Weihnachtsmärchen eingeübt und steuert das Puppenspiel zur Weihnachtsfeier bei. „Unsere Omas und Opas sind die besten Puppenspieler der Welt."

Noch nicht alles... Es kommen immer neue Gedanken. Jeder Winkel des Zentrums ist mit Leben erfüllt. Türen sind offen, jeder kann sich aber auch zurückziehen. Alle professionellen Kräfte sind engagiert und wollen miteinander kooperieren. Meistens gelingt es auch. Es gibt so etwas wie eine Gesamtleitung – nicht pädagogisch, sondern mehr organisatorisch. Sie wickelt auch alles Finanzielle ab, sorgt dafür, daß sich die Verantwortlichen in den verschiedenen Gruppen regelmäßig zum Team- bzw. Kooperationsgespräch zusammenfinden. Sie bringen dann auch die Ergebnisse und Wünsche der Kinderkonferenz, des Seniorenrates, der Alleinerziehendengruppe usw. ein.

Der Motor für alles bleibt aber immer irgendwie der Kindergarten. Das mag daran liegen, daß wirklich nahezu 100% aller Familien dort zusammentreffen... Und Kindergärten gibt es überall. Die anderen Angebote und Bedürfnisse können von Ort zu Ort verschieden sein. So gibt es auch nicht *den* Kindergarten 2010, sondern viele, viele ... Es wird spannend werden.

Anhang

Im Anhang zu den Ausführungen „Kindergarten 2010“ einige Textpassagen zur Anregung weiterer Diskussionen – für Erzieher, Träger, Verantwortliche in Entscheidungsgremien – aber auch einige gelungene Beispiele der Weiterentwicklung als Impulse und Mutmacher.

Die Textbeiträge können auch reichen Stoff für Teamsitzungen bilden oder in Gremien Entscheidungshilfen liefern. Auffallend ist, daß sich eine Vielzahl von Autoren, Verbänden und Gruppen bereits auf den Weg gemacht hat zu einem neuen Kindergarten.

Viele Hindernisse und Steine zwingen sie wohl alle zu sehr sehr kleinen Schritten…

Kindergarten als „Haus der Familie“

Zitat aus: Zum Thema Familie. Hrsg.: Diakonisches Werk der Evangelisch-Lutherischen Kirche in Bayern, September 1988

„Kindergarten als ‚Haus der Familie‘ – die Idee mag befremden und faszinieren zugleich. Wird hier nicht das ursprüngliche Konzept institutionalisierter Vorschulerziehung maßlos überfrachtet, werden die einen sagen. Andere hingegen mögen die Hoffnung äußern, ob hier nun endlich ernst gemacht wird mit der schrittweisen Verwirklichung einer in die Zukunft weisenden Wunschvorstellung: Der Kindergarten als beliebter und geschätzter Ort in der Gemeinde, als vertrautes womöglich verlockendes Ziel für die ganze Famlie, für Kinder, Mütter, Väter und Großeltern.

Der Kindergarten als ‚Haus der Familie‘ – was ist damit eigentlich gemeint? Bevor wir dieser Frage weiter nachgehen, wollen wir uns zunächst einige Aspekte des heutigen Kindergartens vergegenwärtigen.

Der Kindergarten hat eine lange Tradition. Während seiner etwa 150jährigen Geschichte hat er unterschiedliche Entwicklungen erlebt. Dabei war die pädagogische Gestalt immer auch eng verbunden mit der jeweiligen gesellschaftlichen und politischen Struktur. Die letzte Reformbewegung erstreckte sich über eine Dekade und begann etwa Ende der 60er Jahre. Seither gehen Bemühungen in die Richtung, die Entwicklung des Kindergartens als fortlaufenden Reformprozeß zu etablieren.

Die Auseinandersetzung um das pädagogische Konzept des evangelischen Kindergartens hat in einigen Bereichen zu Übereinstimmungen geführt. Dies gilt zum Beispiel für das Einbeziehen der Lebenswelt der Kinder: Die Erfahrungen und Lernprozesse der Kinder sollen sich auf Lebenssituationen der Gegenwart und näheren Zukunft beziehen und zu deren Bewältigung beitragen. Dies gilt auch für die Leitziele des Lernens: Soziale und religiöse Erfahrungen stehen deutlich im Vordergrund, sachbezogenes Lernen soll nach Möglichkeit nicht isoliert, sondern in einem ganzheitlichen Zusammenhang erfolgen. Und dies gilt schließlich auch für die Mitarbeit der Eltern im Kindergarten.

Daß Elternarbeit konstitutiver Bestandteil der Kindergartenpädagogik wurde, hängt wohl mit einer Reihe von Gründen zusammen. Ein Grund war sicherlich die Einsicht, daß die ganzheitliche Förderung der kindlichen Persönlichkeit am besten dann gelingen wird, wenn die Eltern dabei miteinbezogen werden. Ein anderer Grund hängt mit der Motivation der Eltern zusammen. Sie zeigen deutliches Interesse, bei der Gestaltung der Kindergartenarbeit mitzuwirken. Darüber hinaus wünschen sich Eltern Unterstützung in Fragen der Erziehung oder ganz einfach Kontakt mit anderen Erwachsenen...

Gleichwohl: Ein anderes Verständnis der Arbeit mit Eltern könnte sein, das Kindergartenleben als gemeinsamen Lebensraum und Lebenswelt zu sehen, gemeinsam nach Veranstaltungs- und Lebensformen zu suchen, die den Wünschen und Interessen aller Beteiligten entgegenkommen. Erzieherinnen wären dann auch ein Stück weit entlastet, ‚nur' noch Anregerinnen, Koordinatorinnen, Vermittlerinnen, Begleiterinnen, vielleicht bei manchen Veranstaltungen schlicht nur Teilnehmerinnen. Erfahrungen aus Kindergärten, die in die Richtung gehen, berichten vom ‚Spielzeug- und Bücherverleih', von ‚Second-Hand-Ecken für Kinder und Erwachsenenkleidung', vom ‚Vermittlungsdienst für Babysitter und Kinderbetreuung', vom ‚Lesezirkel Frauenliteratur', vom ‚Zeltwochenende mit Vätern', vom ‚Erarbeiten einer Kindergartenchronik', vom Arbeitskreis ‚Mütter gegen Atom', vom ‚Theaterspielen für Erwachsene' – Kindergarten als ‚Haus der Familie'?

Eine wirksame Öffnung zur Familie hin erfordert gewiß auch ein ‚gutes' Maß an Offenheit zwischen Eltern und Erzieherinnen. Damit ist eine bedeutsame, aber auch nicht immer leicht einzulösende Forderung angesprochen. Das Aufeinander-Zugehen ist vielen ein schwerer Schritt. Er wird begleitet von Ängsten und Unsicherheit. Wenn ich mich in Gesprächen als Person zeige, wenn ich über die

Unverbindlichkeit des ‚small talk' hinausgehe, werde ich auch verletzlicher und angreifbarer. Ich kann aber auch Begegnungen befriedigender und tiefer erleben, leichter Mißverständnisse ausräumen und nicht zuletzt Energie gewinnen. Und ich kann das Glück empfinden, verstanden zu werden. Außerdem: Eine vertrauensvolle, sichere Beziehung zwischen Eltern und Erzieherinnen kommt gewiß auch den Kindern zugute."

Der eigenständige Erziehungs- und Bildungsauftrag des Kindergartens

Zitat aus: Armin Krenz, gleichlautender Beitrag, in: kindergarten heute, 6/91

„Der Erziehungsauftrag des Kindergartens besteht darin, Kindern aufgrund ihrer als zerrissen erlebten Welten, eingegrenzten Lebensräumen und zerteilten Zeiten vielfältige Möglichkeiten zu bieten, gegenwärtig belastende und unverarbeitete, in der Vergangenheit liegende Erlebnisse und Erfahrungen zu verarbeiten, um gegenwärtiges Leben von sich und der Umwelt gefühlsmäßig zu begreifen und zu verstehen, Identität weiterzuentwickeln bzw. auszubauen, um zukünftige Lebenssituationen kompetent und in Verantwortung vor sich und anderen zu bewältigen."

Bedarfsermittlung nach qualitativen und quantitativen Aspekten

Auszug aus: Positionspapier der Arbeitsgemeinschaft der Spitzenverbände der freien Wohlfahrtspflege in Bayern, 1991 (Gesamtfassung erhältlich beim Landesverband kath. Kindertagesstätten, Lindwurmstraße 10, 80337 München)

„2. Unter dem Dreiklang von „Erziehen – Bilden – Betreuen" hat die Ermittlung des Bedarfs sich zu orientieren am

- Bedarf des Kindes und seinem Wohlergehen,
- Bedarf der Eltern oder des alleinerziehenden Elternteils,
- Bedarf der Arbeitgeber der Eltern,
- Bedarf der Mitarbeiter/innen in den Einrichtungen: eigene Familie, eigene Aus-, Fort- und Weiterbildung,
- Bedarf einer zukunftsorientierten Gesellschaft.

2.1 Konzeptionelle Konsequenzen

Entsprechend dieses differenziert ermittelten Bedarfs sind Konzeption und Struktur der Tageseinrichtungen zu verändern; dies muß auch in der Ausbildung der pädagogischen Kräfte Berücksichtigung finden.

2.1.1 Vernetzung der Tageseinrichtungen für Kinder

Tageseinrichtungen für Kinder müssen sich verstärkt als Teil der regionalen und sozialen Infrastruktur verstehen, so daß auf Bedürfnisse vor Ort angemessen reagiert werden kann. Dazu gehört nicht nur eine bedarfsgerechte Gestaltung der Öffnungszeit, sondern auch die Öffnung für jüngere und ältere Kinder sowie die Berücksichtigung der Lebenswelt und Familienwirklichkeit in der pädagogischen Konzeption durch ein verstärktes Miteinbeziehen von Eltern.

Die Ausbildung von Erziehern und Erzieherinnen darf sich nicht auf den Kindergartenbereich begrenzen, sondern muß vielmehr eine lebensweltorientierte Pädagogik vermitteln und darauf vorbereiten, in die eigene Arbeit andere soziale Dienste und Einrichtungen im Sinne der Vernetzung miteinzubeziehen.

Ebenso sind die Anforderungen der Heim- und Heilpädagogik zu berücksichtigen und zu unterstützen in ihrem Bemühen, daß Leben gelingt.

Betreuungsangebote sollen sich immer auf die reale Situation von Menschen in Kirche und Gesellschaft beziehen. Sie dienen dazu, Familien im Sinne von ‚Hilfe zur Selbsthilfe' zu unterstützen und damit deren Beziehungs- und Erziehungsfähigkeit zu stärken. Die Familienerziehung wird bestmöglich ergänzt, und die z.T. defizitäre Lebensumwelt der Kinder kann ausgeglichen werden.

2.1.2 Notwendigkeit familien- und altersübergreifender Erfahrungswelten

Die natürlichen Spiel- und Lebensräume werden angesichts des lebens- und kinderfeindlichen Städte- und Wohnungsbaus zunehmend reduziert. Kinder und Familien sind heute mehr und mehr auf stabile Lebensorte und Begegnungsräume außerhalb der Familie angewiesen, u.a. auch, um grundlegende Sozialisationserfahrungen machen zu können.

Um durch die Einrichtungen nicht neue Inseln zu schaffen, ist die Einbindung in alters- und institutionsübergreifende Lebenszusammenhänge notwendig. Sie dürfte gerade in einer Gesellschaft, die angesichts von Umweltproblemen und Veränderungen des Altersaufbaus auf Solidarität und soziale Verantwortung der nachwachsenden Generation angewiesen ist, eine für die Sozialisation wichtige Voraussetzung sein.

2.1.3 Entlastung und Unterstützung von Familien

Die Lebensentwürfe von Frauen sind im Umbruch und machen vielfältigere, den jeweiligen Lebensformen entsprechende Arrangements der Kinderbetreuung erforderlich.

Im Spannungsfeld zwischen Familienleben, Erziehung und Erwerbstätigkeit sind insbesondere Alleinerziehende auf angemessene Hilfsmaßnahmen und Unterstützung auch seitens des Staates angewiesen. Eine Verbesserung der Lebenssituation von Kindern bedingt beispielsweise, die finanzielle Situation der Familien durch die Erhöhung des Erziehungsgeldes und durch die Verlängerung des Erziehungsurlaubs zu optimieren, mehr Teilzeitarbeitsplätze für Männer und Frauen einzurichten, die täglichen Arbeitszeiten flexibler und familiengerechter zu gestalten und den beruflichen Wiedereinstieg für Eltern nach der Zeit des Erziehungsurlaubs zu garantieren. Für die meisten Frauen ist eine zuverlässige und zeitweise Kinderbetreuung der entscheidende Punkt, Familie und Beruf in Einklang zu bringen.

(Vgl. Regierungserklärung Max Streibl vom 12.12.1990: „In den nächsten Jahren müssen wir vor allem darauf hinwirken, daß Mütter und Väter Familie und Erwerbstätigkeit in Einklang bringen können.“)

...

3.3 Zielperspektiven zur Konzeptentwicklung

Um die bislang begrenzten Angebotsformen zu durchbrechen und die familienergänzenden Einrichtungen gemäß der sich verändernden Situation der Familie zu erweitern, sind folgende Zielperspektiven zu verfolgen:

– Die Integration der Betreuung, Erziehung und Bildung für Kinder aller Altersstufen, sowie die Koordination verschieden langer Betreuungszeiten für unterschiedliche Benützergruppen. Es sind insbesondere Angebote zu entwickeln, mit dem Ansatz: Erziehung, Bidung und Betreuung von Kindern unterschiedlicher Altersstufen ‚unter einem Dach‘ (Kinderhaus).
– Die Verknüpfung von Formen der institutionalisierten Betreuung in Tageseinrichtungen mit informellen Betreuungsformen oder offenen Angeboten für Kinder im Kultur- und Freizeitbereich. Werden unterschiedliche Angebotsformen aufeinander bezogen, sind die not-

wendige Durchlässigkeit und Integration und ein flexibles Reagieren auf den aus besonderen Gegebenheiten resultierenden Bedarf an Erziehung, Bildung und Betreuung möglich.
– Zur Sicherstellung eines breiten Spektrums an Angeboten gehört die Einbeziehung von integrativen Einrichtungen für behinderte und nichtbehinderte Kinder.
– § 7 Abs. 1 KJHG definiert Kinder als Personen unter 14 Jahren. Da sich die Förderung in Tageseinrichtungen auf Kinder bezieht, sollte Bayern sicherstellen, daß der Besuch von Einrichtungen gegebenenfalls auch über das 14. Lebensjahr hinaus möglich sein kann.
– Die bisher erreichten Qualitätsstandards im Kindergarten sollten integriert werden in landesrechtliche Gesetzesbestimmungen zur Kinderbetreuung.
– In Abstimmung mit kirchlichen Rechtsträgern, den Spitzenverbänden der freien Wohlfahrtspflege oder anderer vom Jugendamt zugelassener Träger könnten die Angebote ergänzt und erweitert werden, z.B. durch kontinuierliche, selbstinitiierte Betreuungsformen.

Hierzu sind Richtlinien zu erlassen, wie solche Initiativen zu beraten und (auch finanziell) zu unterstützen sind.“

Also, ich habe das Jugendamt selbst besucht

Zitat aus: Dr. Martin Textor, Kindergarten als Vermittler, in: Welt des Kindes 1/92

„Wünschenswert wäre, wenn Erzieherinnen von sich aus Kontakt zu den wichtigsten psychosozialen Diensten aufnehmen – ohne den Druck eines ‚Problemfalls‘ zu spüren. Dann können in einem lockeren Telefonat oder bei einem Kurzbesuch Ansprechpartner gefunden werden, die zu kennen sich bei einem späteren ‚Notfall‘ bewährt. Auch können Eltern besser zur Nutzung eines psychosozialen Hilfsangebots motiviert werden, wenn die Erzieherin sagen kann: ‚Also, ich habe selbst das Jugendamt besucht und mit der zuständigen Sozialarbeiterin gesprochen. Eine Erziehungsbeistandschaft verläuft so und so. Mit der Sozialarbeiterin Frau X werden Sie sicherlich gut zurechtkommen. Wenn Sie wollen, rufe ich sie gleich an und vereinbare einen Termin für Sie.‘

Hier wird deutlich, daß Eltern viel leichter die Angst vor einer Maßnahme genommen werden kann, wenn die Erzieherin diese beschreiben und einen Ansprechpartner benennen kann. Bei einer besonders hohen Schwellenangst wird es manchmal aber auch nötig sein, den Eltern das Angebot zu machen, mit ihnen gemeinsam die jeweilige Einrichtung aufzusuchen und beim ersten Gespräch anwesend zu sein.

Ein Fallbeispiel aus der pädagogischen Praxis: Mit einer alleinerziehenden Mutter finden mehrere Beratungsgespräche statt, weil ihr Sohn immer wieder durch aggressives Verhalten in der Gruppe auffällt. Außerdem kommt er sehr unregelmäßig in den Kindergarten, weil er häufig bei der in einer anderen Stadt wohnenden Großmutter zu Besuch ist. Bei den Gesprächen stellt sich bald heraus, daß zwischen Mutter und Oma große Konflikte bestehen. Sie sind sich auch in Erziehungsfragen uneins. Die Großmutter setzt ihre Tochter unter Druck und droht ihr damit, daß sie den Jungen bei sich behalten will. Da diese Konflikte einer therapeutischen Bearbeitung bedürfen und nicht im Rahmen von Beratungsgesprächen im Kindergarten zu klären sind, wird der Mutter die Kontaktaufnahme mit der Psychosozialen Beratungsstelle empfohlen. Dazu ist die Mutter bereit. Weil bereits an der Problematik gearbeitet wurde und die Mutter bei einer längeren Wartezeit die Motivation verlieren könnte, versucht die Erzieherin telefonisch, einen baldigen Gesprächstermin mit der Beratungsstelle zu vereinbaren.

Psychosoziale Hilfen können aber nicht nur im Gespräch mit Eltern, sondern auch indirekt vermittelt werden. Eine gute Möglichkeit ist das schwarze Brett. Dort kann z.B. eine Liste mit den Anschriften und Telefonnummern sozialer Dienste aufgehängt und darauf verwiesen werden, daß die Erzieherin weitere Informationen vermitteln kann. Die Attraktivität kann erhöht werden, wenn immer wieder neue Zeitungsausschnitte, Informationsblätter, Broschüren u.ä. ausgehängt werden. Relevantes Material kann beispielsweise bei Bundesministerien, bei den Sozialministerien der Länder oder bei der Bundeszentrale für gesundheitliche Aufklärung angefordert werden.

Abschließend soll noch darauf hingewiesen werden, daß Erzieherinnen die Angebote der Jugendhilfe auch selbst nutzen können – z.B. in der Form einer allgemeinen oder themenspezifischen Beratung. Auch können sie Mitarbeiter aus dem Jugendhilfebereich zu Teambesprechungen einladen oder hinsichtlich einer Teamsupervision ansprechen. Bei Problemfällen gibt es die Möglichkeiten der Einzelfallberatung und Fallsupervision. Auch können Mitarbeiter aus dem Jugendhilfesektor das auffällige Kind in der Tagesstätte beobachten oder ein gemeinsames Gespräch mit Eltern und Erziehern führen. Diese Möglichkeiten, die z.B. in dem Buch von Haberkorn u.a. (1988) beschrieben wurden, werden aber – z.B. aus Angst, gegen datenschutzrechtliche Bestimmungen zu verstoßen – erst kaum genutzt."

Literatur
Haberkorn, R., Hagemann, V., Seehausen, H. (Hg.): Kindergarten und soziale Dienste. Praxisberichte zu ausgewählten Aspekten der pädagogischen Arbeit in Kindertagesstätten sowie zur Zusammenarbeit mit Erziehungsberatung. Freiburg, Lambertus 1988.

Textor, M. R. (Hg.): Hilfen für Familien. Ein Handbuch für psychosoziale Berufe. Frankfurt, Fischer Taschenbuch Verlag 1990.

Textor, M. R. Familienpolitik: Probleme, Maßnahmen, Forderungen. Bonn, Bundeszentrale für politische Bildung 1991.

DJI-Projekte: Orte für Kinder

Konzeptbeschreibung, Deutsches Jugend-Institut, München

Was will „Orte für Kinder"?

- Kinderfreundliche Lebensräume erweitern, (noch) vorhandene Orte und Räume für Kinder aufgrund von gewandelten Erfordernissen weiterentwickeln bzw. neue Ansätze mitzuschaffen;
- strukturelle Grenzen durch Familienselbsthilfeansätze überwinden helfen, die Institutionen öffnen können;
- dem Öffnungsbedürfnis von Familie entgegenkommen und Unterstützungs- sowie Entlastungsangebote im Rahmen nachbarschaftlicher Kontaktmöglichkeiten herstellen;
- die Lebenswelt von Kindern und Erwachsenen ein Stück weiter zusammenführen, indem „Orte für Kinder" auch „Orte für Eltern" werden.

Worauf antwortet „Orte für Kinder"?

- *auf den Wandel von Familie, d.h.*
  - mehr Ein-Kind-Familien – weniger altersübergreifendes Lernen in der Familie,
  - mehr erwerbstätige Mütter – mehr Doppelbelastung durch Beruf und Familie,
  - mehr Pluralität von Lebensformen – mehr stabile Lebensräume außerhalb der Familie, vielfältigere Betreuungsformen.
- *auf den Wandel von Kindheit, d.h.*
  - weniger öffentliche Räume zum Spielen, Stichwort: Verkehr, zubetonierte Städte,
  - weniger Geschwisterkinder, Nachbarschaftskinder zum Freispiel, Stichwort: Verringerung von Freiräumen,

- weniger stabile Lebensorte für Kinder – Stichwort: sog. Scheidungskinder, Stieffamilien, neuzusammengesetzte Familien.

● *auf den Wandel von Pädagogik, d.h.*
- Weiterentwicklung des „Situationsansatzes",
- Weiterentwicklung „entpädagogisierter Freiräume" auch in Einrichtungen.

Wie wird „Orte für Kinder" umgesetzt?

● *durch Öffnung von Institutionen nach innen, d.h.*
- Angebotserweiterung und/oder Angebotsumgestaltung,
- Altersmischung, Alterserweiterung,
- Flexibilisierung der Betreuungszeit.

● *durch Öffnung von Institutionen nach außen, d.h.*
- Angebote für alle Kinder im Wohnumfeld, auch für Kinder mit besonderen Bedürfnissen,
- Vernetzung in Gemeinde/Stadtteil,
- Öffnung hin zu mehr Elternmitbeteiligung und Elternmitverantwortung,
- Öffnung hin zur Nachbarschaft außerhalb der Betreuungszeiten.

● *durch Kooperation und Verknüpfung der Institution mit Familienselbsthilfe, d.h.*
- ergänzende Angebote im Kinderbetreuungsbereich durch stundenweise, flexible Betreuungsangebote,
- ergänzende Ressourcen aus der Nachbarschaft, z.B. Mütter, Großmütter usw. für den Aufbau einer sozialen Infrastruktur für Familien und ihren Kindern,
- Kooperation und Zusammenarbeit von professionellen Kräften und nichtprofessionellen Kräften (Laien).

● *durch Schaffung neuer Handlungsspielräume zwischen Unternehmen und Jugendhilfe, d.h.*
- Entwicklung von differenzierten Kooperationsmodellen zwischen Unternehmen und öffentlicher Hand zur Schaffung neuer Betreuungsplätze,
- Diskussion über sozialpädagogische versus betriebswirtschaftliche Fragestellungen und Erfordernisse.

● *durch eine Neukonzeption regionaler Sozialplanung, die die Jugendhilfeplanung mit der Dorfentwicklungs-/Stadtplanung verbindet, d.h.*
- quantitative und qualitative Bedarfsermittlung mit Beteiligung der Betroffenen,
- Aufbau einer Planungsstruktur durch intensive Zusammenarbeit der verschiedenen Sozialplanungsinstanzen.

Wo wird „Orte für Kinder“ durchgeführt?

- an 14 Modellstandorten in den alten Bundesländern unter Berücksichtigung der Träger-, Einrichtungs-Regionsvielfalt aus dem institutionellen Bereich ebenso wie aus dem außerinstitutionellen Bereich,
- nicht ein einheitliches, idealtypisches Konzept an allen Modellstandorten ist wesentlich, sondern ein eigenes, den regionalspezifischen und einrichtungsspezifischen Besonderheiten entsprechendes Konzept.

„Orte für Kinder“ wird vom Bundesministerium für Frauen und Jugend, Familie und Senioren sowie den beteiligten Bundesländern und Kommunen gefördert und vom Deutschen Jugendinstitut in München und Frankfurt wissenschaftlich begleitet.

Den Erzieherinnen wichtig: die Beziehung zu den Eltern

Zitat aus: Carmen Sorgler, Aufwachsen wie in einer Großfamilie, in: Spielen und Lernen 3/92 (Bericht aus einer Hanauer Kindertagesstätte)

„Diese Beziehung zu den Eltern wird in Hanau großgeschrieben. Da gibt es Sitzecken, die beim Abholen oder Bringen der Kinder zu einem Plausch mit anderen einladen. Der Kaffee steht bereits auf dem Tisch. Und da gibt es Elternclubräume, die den Eltern für selbstorganisierte Aktivitäten zur Verfügung stehen. Kommt ein neues Kind in die Gruppe, wird erwartet, daß Vater und Mutter, am besten beide, zwei Wochen lang mit ihrem Sprößling in der Gruppe verbringen. Von ein paar Stunden bis zu einem ganzen Tag. Den Grund für diese starke Miteinbeziehung der Eltern nennt Herbert Vogt vom Jugendamt Hanau: ‚Wenn Kinder einen großen Teil oder den größten Teil ihres wachen Lebens in der öffentlichen Erziehungseinrichtung verbringen, dann muß eine Vermittlung der Erziehungswelten Familie und Kindertagesstätte stattfinden. Weil wir das erkannt haben, forcieren wir diese Elternarbeit, nennen sie Familienarbeit und verstehen darunter auch mehr als die herkömmlichen Formen wie Elternabend, Sommerausflug… Wir wollen, daß die ganze Familie sich in der Erziehungseinrichtung, in der Kindertagesstätte wohl fühlt und weiterentwickeln kann. Eltern sollen hier einen Lebensraum vorfinden, der auch für sie gedacht ist und nicht nur für ihre Kinder.‘“

Visionen eines neuen Kindergartenkonzepts

Im Rahmen einer Fortbildung des Diözesan-Caritasverbandes Augsburg im Sommer 1992 haben Erzieherinnen ein Manifest „Visionen eines neuen Kindergartens“ verfaßt, das auf dem Bayerischen Landeskongreß „Bilden – Erziehen – Betreuen“ von mehreren hundert Kolleginnen per Unterschrift unterstützt wurde.

Nach Überprüfung unserer pädagogischen Zielvorstellungen und unserer praktischen Arbeit müssen wir selbstkritisch feststellen, daß wir die Persönlichkeit des Kindes und seine Kompetenz nicht genügend berücksichtigen.

Wir streben eine offene Kindergartenarbeit aus folgenden Gründen an:

Kinder sind bewegungsfreudig
Im Widerspruch dazu steht:

Die Gruppenräume sind im Vergleich zur Gruppenstärke zu klein und mit zuviel unnötigem Mobiliar ausgestattet. Weitere vorhandene Räumlichkeiten werden nur funktional genützt (Flur, Garderobe, Waschräume, Nebenräume).

Viele Kolleginnen können es nicht mit ihrer Aufsichtspflicht vereinbaren, wenn sich Kinder nicht im Sichtbereich aufhalten. Durch den unterdrückten Bewegungsdrang entstehen bei den Kindern unnötige Aggressionen und Konfliktsituationen.

Deshalb fordern wir:

- Pädagogische Fachkräfte sind schon bei der Planung und Gestaltung von Kindertagesstätten einzubeziehen.
- Veränderungen der gesetzlichen Bestimmungen in bezug auf Gruppen- und Nebenraumgröße, Mehrzweckraum und Außenspielfläche.
- Mehr Vertrauen in die Kompetenz des Kindes seitens der Ausbildungsstätten, Aufsichtsbehörden, Eltern, Trägern und Kolleginnen.

Kinder sind selbstbestimmt, freiheitsliebend und haben eigene Zeitrhythmen
Im Widerspruch dazu steht:

Ver- und geplante Tagesabläufe im Kindergarten, die wenig Spielraum für Eigenaktivitäten des Kindes lassen.

Kinder werden durch die Teilnahmepflicht an geplanten Angeboten in konzentriertem Spiel unterbrochen.

Starres Einhalten von vorgegebenen Rahmenplänen für die ganze Einrichtung.

Deshalb fordern wir:

- Entscheidungsfreiheit des Kindes, sein Spiel zu Ende zu führen.
- Das Freispiel im Kindergarten als wichtigste Möglichkeit, um eigeninitiierte Lernprozesse in den Vordergrund zu stellen.
- Entsprechende Rahmenbedingungen (erweiterte Öffnungszeiten, keine Doppelbelegung etc.), die ausreichend Zeit und Raum für die Eigenaktivität des Kindes gewährleisten.
- Angebote an der momentanen, kindlichen Situation zu orientieren.
- Die Teilnahme an Angeboten soll vom Kind selbst bestimmt werden.

Kinder sind kreativ, phantasievoll und selbstbewußt
Im Widerspruch dazu steht:

Vorgegebene Materialien und Schablonen sowie didaktische Spielmaterialien hemmen die Kinder in der Entfaltung ihrer Persönlichkeit.

Vorgefertigtes Material läßt wenig Raum für Experimente.

Deshalb fordern wir:

- Das Tun des Kindes und das damit verbundene Lernen und nicht das Ergebnis in den Vordergrund zu stellen.
- Das Selbstbewußtsein des Kindes durch Anerkennung seiner Individualität zu stärken und ihm wertungsfrei zu begegnen.
- Plätze und Orte zum Phantasieren und Experimentieren zu schaffen in Familien, Kindertagesstätten, Schulen, Gemeinden und Pfarrgemeinden.

Kinder sind ihrem ursprünglichen Wesen nach neugierig, naturverbunden und nehmen mit all ihren Sinnen auf.
Im Widerspruch dazu steht:

Zu viel didaktisches Spielmaterial.

Zu wenig kindorientierte, kreative und auffordernde Raumgestaltung im Innen- und Außenbereich.

Hinderliche Kleidung.

Zu wenig und nicht vorhandene Experimentierphasen.

Naturerfahrungen werden isoliert am Tisch und im Stuhlkreis angeboten.

Die verlorengegangene Fähigkeit von Erwachsenen selbst mit all ihren Sinnen aufzunehmen.

Der weitere Erfahrungsbereich von Kindern wird durch Straßen und Städtebau zunehmend eingeengt.

Deshalb fordern wir:
- Die Bereitstellung von phantasieanregendem, ausreichenden Material.
- Die Spielräume der Kinder so zu gestalten, daß sie dem Neugierverhalten des Kindes entgegenkommen und so Erfahrungslernen möglich ist.
- Die Eroberung des Innen- und Außenbereichs durch die Kinder zuzulassen.
- Offene Planung mit Schwerpunkt in der Experimentierphase der Kinder.
- Direkte Möglichkeiten für Natur- und Sinneserfahrungen im Lebensraum Kindergarten.
- Eine kind- und familienorientierte Stadtplanung und keine Ausgrenzung von Kindern in eigens dafür vorgesehenen Orten.

Um diese Zielvorstellungen in die Praxis umsetzen zu können, brauchen wir die Unterstützung von
- Eltern und Trägern: deren Verständnis und Vertrauen in unsere Arbeit und Kompetenz;
- Gemeinde und Kirche: in Form von mehr finanziellen Mitteln und einer besseren Lobby für Kinder,
- den Verbänden: durch mehr Fortbildung und verstärkte Beratung;
- den Aufsichtsbehörden: durch mehr Toleranz und offenere Auslegung der Bestimmungen;
- den Ausbildungsstätten: indem sie Lehrpläne und Ausbildungsrichtlinien überdenken und den heutigen Anforderungen anpassen;
- der Landesgesetzgebung: durch angemessenere Regelung der Verfügungszeit, Streichen der Möglichkeit von Doppelbelegung, Herabsetzung der Gruppenstärke und Freistellung der Leitung vom Gruppendienst.

Dieses Manifest erhebt keinen Anspruch auf Vollständigkeit. Es soll zur Diskussion anregen.

Achter Jugendbericht: Tageseinrichtungen für Kinder (1990)

Auszüge aus: Der Bundesminister für Jugend, Familie, Frauen und Gesundheit

Weniger Kinder in den Familien, mehr Anforderungen an die Institutionen für Kinder

Tageseinrichtungen für Kinder werden gegenwärtig unter anderen Vorzeichen diskutiert als zur Zeit des 5. Jugendberichts. Nicht nur der bildungspolitisch aufgewertete Kindergarten, auch Angebote für Kinder unter drei Jahren und für Kinder im Schulalter werden zunehmend in ihrer bildungs- und sozialpolitischen Bedeutung für Kinder und Familien wahrgenommen und als Teil der regionalen sozialen Infrastruktur gefordert. Wie die Funktion von Kindertageseinrichtungen heute thematisiert wird, läßt sich in folgende Argumentationsstränge bündeln:

Kinder brauchen familienübergreifende Erfahrungswelten

Die Bedeutung von Betreuungs- und Bildungseinrichtungen nimmt zu angesichts zurückgehender Kinderzahlen in Familie und Nachbarschaft und angesichts der Entwertung des öffentlichen Raums als Spielraum für Kinder. Dauerhafte Spielgruppen, die für die Sozialisation von Kindern grundlegende Bedeutung haben, entstehen nicht mehr so ohne weiteres im familiären Kreis, weil nicht nur in der Familie, sondern häufig auch in der Nachbarschaft die Spielpartner fehlen. Kinder sind heute weitgehend aus dem öffentlichen Raum verschwunden. Straßen und Plätze in der Nachbarschaft sind nicht mehr die Orte, wo sich auch jüngere Kinder zum Spielen einfinden können, weil dies aufgrund der dominierenden Rolle des Straßenverkehrs zu gefährlich geworden ist und weil kaum noch lebendige Orte und Streifräume für Kinder übrig geblieben sind. Jüngere Kinder sind weitgehend von den Möglichkeiten ihrer Eltern (insbesondere Mütter) abhängig, die ihnen familienübergreifende Kontakte verschaffen und ihren Tagesverlauf sowie ihre Spiel- und Betreuungsarrangements organisieren müssen. Unter diesen Bedingungen sind Kinder auf Orte wie Tageseinrichtungen angewiesen, um in kontinuierlichen Gruppen elementare Sozialerfahrungen machen zu können. Tageseinrichtungen für Kinder bekommen zunehmend die Funktion, die Orte zu werden, wo Kinder andere Kinder treffen und wo solchen Erfahrungen Raum gegeben werden muß, die sich früheren Generationen außerhalb der Aufsicht von Erwachsenen in der Geschwistergruppe, in der Nachbarschaft, auf der Straße erschlossen.

Kinderbetreuung als Beitrag zur Vereinbarkeit von Familie und Beruf

Die traditionellen Muster des Zusammenlebens mit Kindern verlieren an Verbindlichkeit. Die heutige Müttergeneration, die selbst bereits von den Auswirkungen der Bildungsexpansion der 70er Jahre profitierte, will zunehmend Beruf und Familie verbinden ...

Die Lebensentwürfe und -verläufe von Frauen sind im Umbruch und machen vielfältigere den jeweiligen Lebensformen entsprechende Arrangements der Kinderbetreuung erforderlich. Das Leben mit Kindern bedeutet für viele Frauen, die konfligierenden Ansprüche aus widersprüchlichen Segmenten des Alltags auszubalancieren, was angesichts der nicht aufeinander abgestimmten Zeitorganisation von Arbeitswelt auf der einen und Bildungs- und Betreuungseinrichtungen auf der anderen Seite äußerst schwierig ist und häufig nur durch die Schaffung zusätzlicher Betreuungsnetze gelingt. Im Spannungsfeld zwischen Familienleben, Erziehung und Erwerbstätigkeit sind insbesondere Alleinerziehende, deren Zahl zunimmt, auf angemessene Unterstützungsleistungen angewiesen. Für die meisten Frauen ist eine zuverlässige Kinderbetreuung der entscheidende Punkt, Familie und Beruf in Einklang zu bringen. Gute und leicht erreichbare Einrichtungen für Kinder sind ein wichtiger Beitrag dazu, die vielfältigeren Lebensformen von Kindern und Müttern zu stützen und zu entlasten.

Getrennte Welten von Kindern und Erwachsenen

Gesellschaftliche Differenzierungsprozesse wirken massiv auf die Lebensbedingungen von Kindern ein: Kinder sind aus Öffentlichkeit und Produktionsbereich ausgegrenzt, Arbeit und Lernen finden in getrennten Bereichen statt, kindbezogene Einrichtungen und Professionen haben zugenommen, die Institutionen prägen abgegrenzte Lebensphasen und befördern so die Entmischung von Altersgruppen. Diese Entwicklungen werden gegenwärtig in ihrer Ambivalenz diskutiert. Auf der einen Seite signalisiert die gewachsene Bedeutung spezieller Veranstaltungen für Kinder mehr Aufmerksamkeit und Entgegenkommen für spezifisch kindliche Lebensbedürfnisse, auf der anderen Seite ist diese Entwicklung als Teil eines weitgreifenden Ausgrenzungsprozesses von Kindern und der den Kindern zugewiesenen Lebenswelten (Familie, Einrichtungen für Kinder) zu werten. Es wird inzwischen die Frage gestellt, welche Auswirkungen diese Ausgliederungstendenzen auf das Selbstverständnis der Heranwachsenden und auf das Zusammenleben der Menschen haben werden (Bronfenbrenner 1983, Coleman 1986, Liegle 1988).

Die Einbindung in altersübergreifende Lebenszusammenhänge dürfte gerade in einer Gesellschaft, die angesichts von Umweltproblemen und Veränderungen des Altersaufbaus auf Solidarität und soziale Verantwortung der nachwachsenden Generation angewiesen ist, eine für die Sozialisation wichtige Voraussetzung sein...

Im Kindergarten hat in den 70er Jahren ein erheblicher Ausbau des Platzangebots stattgefunden, der zusammen mit den Auswirkungen des Geburtenrückgangs dazu führte, daß sich die von der amtlichen Statistik errechnete Versorgungsquote (bezogen auf die Altersgruppe der Drei- bis unter Sechsjährigen) von 31,8% im Jahr 1965 auf immerhin 78,9% im Jahre 1986 erhöhte. Von den Fünfjährigen besuchten nach Zahlen des Mikrozensus 1985 83%, von den Vierjährigen 72% und 40% der Dreijährigen einen Kindergarten. Trotz des vergleichsweise hohen Platzangebots werden gegenwärtig in vielen Regionen Versorgungsengpässe reklamiert... Zwei verschiedene Faktoren führen zu der verstärkten Nachfrage: Zum einen steigt die Zahl der Kinder dieser Altersstufe seit 1982 wieder an und immer mehr Familien wollen den Kindergarten möglichst schon für die Dreijährigen. Zum anderen passen viele Kindergärten mit ihrer Zeitstruktur (die meisten Kindergärten öffnen vor- und nachmittags mit unterbrochener Mittagszeit, ein Teil der Einrichtungen bietet nur Halbtagsplätze an) nicht mehr zu den vielfältiger gewordenen Bedürfnissen von Kindern und Familie. So ist z.B. das Angebot an Plätzen, die eine Mittagsversorgung einschließen, viel zu gering: Nach Erhebung der Bund-Länder-Kommission war der Anteil der Ganztagsplätze in Kindergärten 1984 ca. 12%. Bezogen auf die Altersstufe der Drei- bis unter Sechsjährigen stehen nur etwa 9% der Kinder solche Plätze zur Verfügung. Dabei verdeckt dieser Durchschnittswert, daß Ganztagsplätze nur in wenigen Regionen, vorwiegend in Großstädten, angeboten werden. Außerhalb von Großstädten lassen sich Ganztagskinderplätze, wenn überhaupt, vorwiegend in zentralisierten und damit weit entfernten Tagesstätten finden (Projektgruppe Ganztagseinrichtungen 1984).

Insgesamt sind die Chancen, einen Kindergartenplatz in Anspruch zu nehmen, äußerst ungleich verteilt. Zwischen den Bundesländern variiert die Versorgung nach der Jugendhilfestatistik 1986 zwischen 54% und 100%, unterschiedliche gewachsene Traditionen, unterschiedliche bildungs- und sozialpolitische Schwerpunktsetzungen, das Vorhandensein von Kindergartengesetzen wie auch die unterschiedlichen finanziellen Ressourcen der Bundesländer wirken sich hier aus....

Kindergarten als Nachbarschaftszentrum

In der Praxis signalisieren derzeit Konflikte und Spannungen zwischen Familienwünschen und institutionellen Angeboten, daß sich Familienleben und Institutionenlogik auseinanderbewegen. Während das Familienleben zunehmend vielfältigere Formen aufweist, orientieren sich die Institutionen mit ihrem Angebot an einem ideologisierten Bild von „Normalfamilie". Wenn z.B. die kirchlichen Träger, die etwa zwei Drittel aller Kindergartenplätze anbieten, nur ein sehr geringes Angebot an Ganztagsplätzen, an Hort- und Krippenplätzen haben, spiegelt sich hier das Festhalten an einer Familiennorm. Je mehr institutionelle Vorgaben an realen Familiensituationen vorbeigehen, um so weniger läßt sich das auf Dauer mit kurzschlüssigen Defizitmodellen von Familien verdecken. Der Widerspruch zwischen der sozialpädagogisch gewollten Öffnung und Orientierung an Lebenssituationen von Kindern und Familien und den abschottenden ausgrenzenden Wirkungen von institutionellen Regelungen macht sowohl den damit professional befaßten Erzieherinnen wie auch den davon in ihrem Alltag belasteten Eltern zu schaffen, wie gegenwärtige Auseinandersetzungen um die Flexibilisierung des Kindergartenangebots zeigen.

Allerdings setzen die Konflikte auch Entwicklungen und neue Bewertungen in Gang: Die Öffnungszeiten von Kindergärten und die Problematik von zentral angesiedelten Tagesstätten mit längeren Betreuungszeiten sind in den letzten Jahren Gegenstand von praxisnaher Forschung (Projektgruppe Ganztagseinrichtungen 1984) und von Initiativen auf Bundesebene geworden (Spitzenverbände... 1987). Familienfreundliche und regional angemessene Lösungen werden inzwischen an verschiedenen Orten erprobt und von Jugendhilfegremien angeregt. Insgesamt geht die Entwicklung weg von der zentral gelegenen spezialisierten Einrichtung hin zu wohnungsnahen Einrichtungen, die offen sind für möglichst alle Kinder des Einzugsbereichs. Mit dieser Perspektive kommt auf die Kindergärten (als Einrichtungsform, die am flächendeckendsten verbreitet ist) ein breiteres Aufgabenspektrum als bisher zu.

Eine Barriere ist die förderungsrechtlich fixierte Struktur von Kindertageseinrichtungen, die zwischen Altersphasen starre Grenzen setzt und zwischen Bildungsangeboten und Nothilfemaßnahmen trennt. Dies führt zu willkürlichen Segmentierungen im Leben der Kinder und belastet Familien mit mehreren Kindern durch die altersbezogenen unterschiedlichen Betreuungsorte. Die Verbindung bisher getrennter Einrichtungstypen zu umfassenden wohnungsnahen Angeboten würde vielen Familien den Zugang erleichtern. Die Bedeutung von Gruppen mit erweiterter Altersspanne sollte angesichts zurückgehender Kinderzahlen in den Familien auch aus pädagogischen Gründen neu bedacht werden, denn das Zusammenleben von Kindern verschiedenen Alters ermöglicht vielfältigere soziale Erfahrungen und erleichtert die Integration von Kindern unterschiedlicher Entwicklungsvoraussetzungen. Eine je nach Bedarf flexiblere Aufnahmepraxis in Kindergärten wird angesichts der demographischen Entwicklung notwendig werden. Man kann sich ausrechnen, daß Institutionen bisherigen Zuschnitts, die die Kinder nach Alter, Betreuungszeit, Fähigkeiten, Behinderungen sortieren, auf Dauer außerhalb der Ballungsräume nicht wohnungsnah zu erhalten sind. Um auch in Zukunft Einrichtungen für Kinder als Bestandteil der regionalen Infrastruktur zu sichern, müssen schon jetzt Wege für eine breitere Nutzung vorhandener Einrichtungen gesucht werden. Kindergärten als Nachbarschaftszentren mit breit gestreuten Angeboten und Unterstützungsleistungen sind ein richtungsweisendes Konzept dafür, Verbindungen zwischen professionellen sozialen Dienstleistungen und nachbarschaftlichen Hilfeleistungen anzubahnen wie auch der Tendenz von Institutionen zu erfahrungseinschränkender „Anstaltsförmigkeit" entgegenzuwirken.

Voraussetzungen für eine bedarfsangemessene Weiterentwicklung des institutionellen Angebots sind Anpassungen der Rechts- und Verwaltungsvorschriften sowie eine Lockerung der Verwendungsspielräume bei der Bezuschussung. Es geht sowohl um die Ausweitung der Platzkapazität wie auch um die Schaffung von Rahmenbedingungen, die vor Ort flexible Gestaltungsmöglichkeiten gestatten. Die Nachrangigkeit von Jugendhilfe macht es allerdings schwer, auf der politischen Ebene Zukunftsinvestitionen für Kinder in der Konkurrenz mit Gegenwartsansprüchen durchzusetzen. Die Finanzierungsmodi für Jugendhilfeleistungen haben den Nachteil, daß die Infrastrukturausstattung für Kinder von der regionalen wirtschaftlichen Situation und von politischen Verteilungskämpfen in Land und Kommune abhängig ist. Bei der ungesicherten öffentlichen Finanzierung werden immer wieder Kontroversen um die Einschätzung des Bedarfs ausgelöst. Gerade in belasteten Regionen sind auch die Spielräume zur Gestaltung der Lebenswelt von Kindern eng geworden.

Integration behinderter Kinder

Der Vorstellung eines für alle Kinder des Wohngebiets offenen Kindergartens, der die Teilhabe der Kinder am Leben ihrer Gemeinde sichert, nähert man sich im Elementarbereich mit der Integration behinderter Kinder in ersten Schritten. Nirgendwo im bundesdeutschen Bildungswesen haben sich Formen der gemeinsamen Erziehung von behinderten und nichtbehinderten Kindern in solchem Umfang in der Praxis verbreiten können wie im Kindergarten. Die Entwicklung integrativer Erziehung geht vor allem auf Initiativen der betroffenen Eltern zurück und wurde von den pädagogischen Fachkräften in Kindergärten aufgegriffen und breit diskutiert, zumal der Kindergarten von seinem Konzept her einer solchen Initiative nahestand. Prinzipien wie das soziale Lernen im Zusammenleben von ganz unterschiedlichen Kindern in einer Gruppe, die individuelle Förderung, wenig normierte Leistungs- und Verhaltenserwartungen und Kooperation mit Eltern eignen sich auch als Arbeitsprinzipien für die Integration behinderter Kinder...

(...)

Die gemeinsamen Betreuungsformen haben im Kindergarten in den letzten Jahren erheblich an Bedeutung gewonnen. Die Zahl der Einrichtungen mit integrativen Gruppen hat sich von 1980 bis 1987 von 60 auf über 150 nahezu verdreifacht. Die Zahl der Plätze für behinderte Kinder ist in diesen Gruppen auf ca. 1300 angestiegen. Dennoch steht bisher nur wenigen Kindern ein qualifiziertes integratives Betreuungsangebot zur Verfügung. Die Situation in verschiedenen Bundesländern stellt die Familien derzeit vor unterschiedliche Ausgangssituationen. Gemessen an der Gesamtbevölkerung haben Bremen und Hessen das relativ umfangreichste integrative Platzangebot. In Hessen, Bremen, Berlin (West) (geplant in Hamburg) sind auf Landesebene gesetzliche Regelungen und Richtlinien erlassen worden, die integrative Betreuungsformen im Elementarbereich organisatorisch und finanziell absichern.

Mittelfristiges Ziel ist eine Verbreiterung des Angebots im Sinne eines dezentralen und flexiblen Versorgungsnetzes, in dem sowohl die Einzelintegration im Nachbarschaftskindergarten als auch die Betreuung in integrativen Gruppen je nach regionalen Bedingungen ihren Platz haben bzw. sich ergänzen können. Übergreifendes Ziel ist dabei die wohnungsnahe gut ausgestattete Einrichtung, die allen Kindern des Einzugsgebiets offensteht. Dabei ist zu beachten, daß die wohnungsnahe Betreuung behinderter Kinder für die Familien trotz des Gewinns an Normalität, an Kontakten und Lernmöglichkeiten auch ein Mehr an Belastung im Zusammenleben mit dem behinderten Kind bedeuten kann. Die Jugendhilfe ist hier gefordert, durch familienunterstützende Maßnahmen die Integrationsbemühungen zu flankieren. Der Ausbau von vielfältigen Wegen in Richtung des Ziels einer wohnungsnahen Betreuung ist allerdings nur durch eine weitere

Verbesserung der administrativen Rahmenbedingungen möglich, wobei die Koordination von Leistungen nach dem Bundessozialhilfegesetz und der Jugendhilfe besondere Dringlichkeit hat...

Kindertageseinrichtungen müssen sich öffnen und mit Elternnetzwerken kooperieren

Zitat aus: Hedi Colberg-Schrader, Kinder brauchen Kindergruppen, in: Blätter der Wohlfahrtspflege – Deutsche Zeitschrift für Sozialarbeit 3/93

„Kindertageseinrichtungen sind zur Sicherung von Lebensraum für Kinder unverzichtbarer Bestandteil der sozialen Infrastruktur geworden. Ausgehend von der gewachsenen Bedeutung für die Kinder, aber auch im Bewußtsein der zunehmenden Institutionalisierung von Kindheit müssen Fragen nach der Qualität (nicht nur der Quantität) dieser Einrichtungen stärker zum öffentlichen Thema werden. Was beispielsweise heißt es heute, förderliche Alltagswelten und zweites Zuhause für Kinder in Institutionen herzustellen? Wie findet soziales Kinderleben in einer arrangierten Kinderwelt statt, ohne daß das ‚Eigenleben' der Kinder erdrückt wird? Wie kann trotz Aufsichtspflicht und Bildungsauftrag auch unbeaufsichtigten selbstorganisierten Spielen der Kinder Raum gegeben werden? Wie kann im Interesse von Kindern die Sicherheit und Erlebnisqualität des Wohnumfelds wieder verbessert werden?

Kindertageseinrichtungen – auch wenn sie mehr als bisher in ihren Öffnungszeiten flexibel werden – können angesichts des sehr verschiedenen Betreuungsbedarfs von Eltern kaum allen Wünschen nachkommen. Insgesamt muß der wachsenden Vielfalt von Lebensführungen mit unterschiedlichen Betreuungsangeboten entsprochen werden. Neben Veränderungen in der Arbeitswelt – kürzere Arbeitszeiten für Mütter und Väter; Formen der Beurlaubung und Wiedereingliederung – sind offene und vielfältige Betreuungsformen, wie auch das Zusammenwirken von institutionellen und nichtinstitutionellen Formen (z.B. Nachbarschaftshilfe, Tagesmütter) zu entwickeln.

Einrichtungsformen müssen integriert werden

Es geht in Zukunft darum, nicht die einzelnen Institutionen systemimmanent zu perfektionieren, sondern bezogen auf die größere Bandbreite von Lebensentwürfen jeweils passende Zuschnitte und Mischformen zu finden. Dabei ist zu bedenken, daß Einrichtungen, die die

Kinder nach Alter, Betreuungszeit oder Behinderung sortieren, bisher einen Teil der Kindes des Wohngebiets ausschließen und sich auf Dauer kaum wohnungsnah erhalten lassen. Eine sinnvolle Konsequenz wäre, die bisher getrennten Einrichtungsformen Krippe, Kindergarten und Hort zu integrieren und wohnungsnah je nach Bedarf passende Orte für Kinder zu konzipieren, wobei differenzierte und unkonventionelle Formen von Unterstützungsdiensten an Kindergärten „angesiedelt" werden könnten.

Wenn schon heute einige Kindergärten neben ihrer traditionellen Arbeit vielfältige Angebote wie beispielsweise alterserweiterte Gruppen, Integration behinderter Kinder, die Organisation von Mutter-Kind-Gruppen, Babysitterdienste, improvisierte Spielkreise für Kleinkinder, Hausaufgabenhilfe, Angebote für Schulkinder am Nachmittag u.a.m. entwickeln (Orte für Kinder 1991), werden hier wegweisende Formen eines kinder- und familiennahen Angebotsspektrums angebahnt.

Der wunde Punkt: Die Berufssituation der Erzieherinnen

Die notwendige Weiterentwicklung von Kindertageseinrichtungen hängt entscheidend davon ab, ob die Erzieherinnen die notwendigen konzeptionellen Neuverständigungen mittragen und eine regional begründbare reflexive Praxis entwickeln können. Dies ist nicht ohne weiteres zu erwarten. Denn während sich in der Jugendhilfe insgesamt Personalausstattung und Ausbildungsstand in den letzten Jahren verbessert haben, sieht dies bei Kindertageseinrichtungen anders aus. Die dort tätige Mitarbeiterschaft – zu 98 Prozent Frauen – haben die niedrigsten Ausbildungsabschlüsse und den niedrigsten Anteil an Fachkräften in der Jugendhilfe. Innerhalb des Bildungswesens sind die Erzieherinnen erst recht mit ihrem Ausbildungsniveau und ihrer tariflichen Eingruppierung weit abhängig.

Die große Kluft zwischen den anspruchsvollen Aufgaben des Arbeitsfeldes auf der einen Seite und der vernachlässigten Berufssituation – Qualifizierung, Personalbemessung, Bezahlung – auf der anderen Seite wirkt sich bereits jetzt massiv in den Einrichtungen aus. Der hohe Anteil von Berufsaussteigerinnen und abnehmendes Interesse an diesem Ausbildungsgang sind alarmierende Zeichen für die schwindende Attraktivität dieses Berufs. Besonders kraß stellt sich das Problem in Ballungsgebieten, in denen es angesichts hoher Lebenshaltungskosten immer schwieriger wird, Erzieherinnen zu den gebotenen Konditionen zu finden.

Wir steuern womöglich einer Situation entgegen, in der Kindertageseinrichtungen in guter Qualität zunehmend gebraucht werden, in der aber die Jugendhilfe diesem Bedarf wegen fehlender qualifizierter Fachkräfte nicht in angemessener Weise nachkommen kann."

Bedarfsgerechte Angebotsformen für Kinder und Familien in der Gemeinde

Zitat aus: Beruf: Erziehen. Positionspapier I der Bundesvereinigung Evangelischer Kindertagesstätten e.V., Fachverband im Diakonischen Werk der EKD, Januar 1992

„6. Der bedarfsgerechte Ausbau von Kindertagesstättenplätzen als wohnortnahe Einrichtung bei gleichzeitiger Vernetzung mit anderen sozialen Angeboten im Wohnumfeld ist erklärtes familienpolitisches Ziel für die 90er Jahre. Der 8. Jugendbericht spricht von ‚Kindergärten als Nachbarschaftszentrum mit breit gestreuten Angeboten und Unterstützungsleistungen' als einem ‚richtungsweisenden Konzept' (20). Das Kinder- und Jugendhilfegesetz betont – bezüglich der Orientierung am Bedarf von Kindern und Jugendlichen und hinsichtlich der Jugendhilfeplanung – die Prinzipien der Regionalisierung und somit zugleich der Gemeinwesenorientierung.

Schon bei der Bedarfsanalyse und Jugendhilfeplanung ist die umfassende und intensive Kooperation der Träger der öffentlichen Jugendhilfe mit den anerkannten freien Jugendhilfeträgern, aber auch die ‚Berücksichtigung der Wünsche, Bedürfnisse und Interessen der jungen Menschen und der Personensorgeberechtigten' (§ 80 KJHG) ausdrücklich gefordert. Dies gilt erst recht bei der Verwirklichung und Umsetzung der genannten Grundsätze, also für die Bereitstellung bedarfsgerechter – altersgemischter, gemeindeorientierter, integrativer, multikultureller – Angebote für alle Kinder, für deren Wohl dies gefordert und gewünscht wird (vgl. § 24 KJHG).

Das eingeschränkte Angebot des traditionellen Kindergartens mit wenigen Stunden täglicher Öffnungszeit und einem standardisierten pädagogischen Programm entspricht nicht mehr den differenzierten, vielschichtigen Bedarfslagen von Kindern und Familien heute und geltendem Recht. Konzeptionelle Vielfalt, Spezialisierungen und die Vernetzung von institutionellen und nichtinstitutionellen Angeboten für Kinder von 0–14 Jahren müssen bei gleichzeitig wachsender ‚Vielfalt von Inhalten, Methoden und Arbeitsformen' und einer ‚Vielzahl von Trägern unterschiedlicher Wertorientierungen' (vgl. § 3 KJHG) entwickelt werden.

Wo notwendigerweise Kindertagesstätten zu Zentren und Begegnungsstätten für Kinder und Familien in deren Wohnumfeld werden, müssen die pädagogischen Fachkräfte zunehmend ‚Management'-Fähigkeiten entwickeln und im Alltag beweisen:

- Sie müssen flexibel auf gesellschaftliche und soziale Veränderungen, die sich in den Kindertagesstätten spiegeln, reagieren.
- Selbst, im Team, gemeinsam mit Eltern und mit Trägern müssen sie neue pädagogische Konzepte entwickeln, diese umsetzen und in der Öffentlichkeit selbstbewußt vertreten.
- Sie kooperieren verstärkt mit Institutionen im sozialen Umfeld und Angeboten in Kirchengemeinden und Gemeinwesen.

Als pädagogische Expertinnen und in der gesellschaftspolitischen Anwaltsfunktion der Kinder und Familien werden Erzieherinnen ihren Beitrag zur Jugendhilfeplanung leisten müssen, damit ‚Kontakte in der Familie und im sozialen Umfeld erhalten und gepflegt werden können' (§ 80, Abs. 2 KJHG). Dies unter Berücksichtigung von Gesichtspunkten wie

- Lebensfeldbezug,
- Vernetzung,
- Kleinräumigkeit,
- Beachtung sozialer Brennpunkte,
- Vereinbarkeit von Familien- und Erwerbstätigkeit (21).

Innerhalb der Kindertagesstätten werden Erzieherinnen im ‚bunten Team' mit Kollegen/innen anderer Berufsgruppen und Qualifikationen zusammenarbeiten. Zugleich werden sie mit Laien- und Initiativgruppen kooperieren. Die Suche nach Bündnispartnern im Umfeld von Kindertagesstätte und Gemeinde wird unverzichtbar."

Schritte zur Veränderung

Zitat aus: Dieter Fuchs, Möglichkeiten und Grenzen von Kinderbetreuungseinrichtungen, in: Unsere Jugend, 7/1992

„5. Es gibt mehr Möglichkeiten als Grenzen, bzw. es können Schritte zur Veränderung unternommen werden, ohne daß dadurch bereits Grenzen erreicht werden wie höhere Kosten u.a. Im wesentlichen geht es um eine Veränderung der Strukturen und Neuzuordnung von Kindern und ErzieherInnen. Beispiel: Bisher wurden 40 Kinder in zwei Krippengruppen und einer Kindergartengruppe mit je zehn und zehn und 20 Kindern von sechs Fachkräften, zwei Frühdienstkräften und einer Leiterin betreut. Eine neue Aufteilung ermöglicht Kleingruppen mit einer Altersmischung von 1–6 Jahren und Zuordnung der Fachkräfte. Der Einsatz des Personals erfolgt nach einem Dienstplan, der an der Anwesenheit der Kinder orientiert ist... Der erste Schritt zur Veränderung ist, daß jede Einrichtung eine eigene Konzeption erstellt. Die Grundlagen bilden die Ziele, die aus den Bedürfnissen und Interessen der Kinder abzuleiten sind, daraus werden Betreuungsformen entwickelt und ein neues Raumprogramm erstellt, da die Spielzonen nicht mehr je Gruppe nach alter Aufteilung nötig sind, sondern übergreifend benutzt werden können. Die Diskussion wird mit Eltern und Vertretern des Trägers fortgesetzt und überlegt, in welchen Schritten und ab wann eine neue Strukturierung erfolgen kann. Das pädagogische Konzept wiederum ist orientiert an den Partizipationsmöglichkeiten der Kinder, angefangen von der Konzeption (Erfassung der Bedürfnisse, Auseinandersetzung mit der unterschiedlichen Lebenssituation der Kinder) bis hin zur konkreten Alltagsgestaltung (z.B. Essen, wer ist daran beteiligt, wer bestimmt was, wie wird die Situation von den Kindern gestaltet). Darüber hinaus schlage ich Arbeitsgemeinschaften im Stadtteil ‚Umwelt für Kinder‘ vor.

Eine weitergehende Perspektive sehe ich in Schritten, die zu einer Selbstverwaltung der Einrichtung führen. Dafür nötig wäre, daß alle Kosten offengelegt werden für die verschiedenen Aufgaben, Personalkosten, Betriebskosten, Instandhaltung, Sanierungskosten usw. Aus diesen Übersichten werden die Posten analysiert und wird geprüft, was direkt von der Einrichtung selbst verwaltet werden kann in Verbindung mit der Versorgung der Einrichtung, z.B. Essensversorgung, Möblierung und Anschaffung von Materialien. Sowohl in Hinsicht auf die Faktoren Zeit und Wege könnte einiges eingespart werden (z.B. Wartezeiten, bis endlich die Dinge kommen, die man vor Monaten bestellt hat) als auch in bezug auf die Verwaltung selbst. Konzeptionell ist dabei wesentlich, daß die Kinder einbezogen werden können in Verbindung mit dem pädagogischen Konzept, z.B. durch entsprechende Projekte.“

Lokale Netzwerke der Selbsthilfe

Zitat aus: Mehr... für Kinder. Hrsg. Gewerkschaft Öffentliche Dienste, Transport und Verkehr, November 1990. In den ersten drei Abschnitten wird ein Text von Jürgen Zimmer verwendet, der in der Zeitschrift „Welt des Kindes", 3/91 im Beitrag „Visionen einer zweiten Reform" erschienen ist.

„Der Kindergarten erhält in diesem ersten Szenarium künftig die Aufgabe, als lokales pädagogisches Zentrum die vielen Blumen halbinstitutionalisierter Kleinst- und Kleinkindbetreuung mitzuinitiieren und zu betreuen. Man kann sich diesen Kindergarten (der nach wie vor selbst Kinder aufnimmt und um seine gemeinwesenorientierten Funktionen verstärkt wird) wie einen Kern vorstellen, um den herum Satelliten der verschiedensten Ausprägung entstehen. Wichtig dabei ist, daß er möglichst wenig institutionenbezogene Vorgaben macht, sondern den organisatorischen Erfindungsreichtum der Eltern und Nachbarn unterstützt. Der Kindergarten hilft bei der Gründung von Betreuungsgruppen – unbeschadet, ob es sich nun um eine Großmutter und mehrere Mütter oder Väter samt Kindern oder um eine Eltern-Kind-Gruppe mit wechselnder Wohnungsnutzung oder um einen Kinderladen, eine Tagesmutter oder einen selbstorganisierten Hort handelt. Der Kindergarten hilft mit seinem Wissen, stellt Mustersatzungen zur Verfügung, die weite Spielräume zulassen und im wesentlichen den Zugang zur Gemeinnützigkeit und zu öffentlichen Zuschüssen ebnen.

Vom Kindergarten aus arbeiten in diesen Initiativen Erzieherinnen mit, die, ambulant oder auch in längerfristiger Tätigkeit am anderen Ort, wie Enzenberger'sche Hauslehrer die Unbeweglichkeit, Unangepaßtheit und Überteuerung des formellen Sektors ein Stück weit hinter sich lassen. Der Kindergarten gewährleistet pädagogische Qualität und technisch-organisatorische Professionalität in den Satelliten; er organisiert die Fortbildung, den Erfahrungsaustausch, den Diskurs über zentrale pädagogische Fragen, die Entwicklung pädagogischer Anregungen. Der Kindergarten als gemeinwesenorientiertes Kinderbetreuungszentrum: Tätigkeiten dieser Art wären dann nicht Teil unbezahlter Mehrarbeit, sondern Teil der regulären Dienstzeit. Unter Kosten-Nutzen-Relationen dürfte die verstärkte Investition an dieser Stelle mehr als wettgemacht werden durch das insgesamt kostengünstige Gesamtsystem öffentlich betreuter und geförderter Eigeninitiative.

Dieses Netz aus Kindergarten und Initiativgruppen ist nachbarschaftsstiftend, es fördert die Mitwirkung und Selbsthilfe von Eltern, bezieht ‚Laienpädagogen' ein, wirkt der Vereinzelung von Eltern-Kind-Gruppen entgegen. Es mobilisiert Sachverstand für den quantitativen Ausbau des Versorgungsangebots und sorgt mit für pädagogische Qualität. Im Zusammenspiel von ausgebildeten Erzieherinnen und (für ihre Arbeit finanziell vergüteten) Laien wird professionelles pädagogisches Wissen im Sinne einer dezentralen Erwachsenenbildung an Eltern weitergegeben; umgekehrt bleibt das Kindergarten-Team angesichts wechselnder Problemstellungen und Herausforderungen mobil, es zieht Erkenntnisgewinn aus den Erfahrungen, die Eltern und Nachbarn einbringen. Entscheidend für dieses Netzwerk wird der Grad der Unkonventionalität sein, mit der es entwickelt wird: Solange behördliche Auflagen bis in die Abstandsvorschrift für Handtuchhaken reichen, werden sich Initiativen nicht nur schwertun, vielmehr wird auch einer der angestrebten wesentlichen Effekte des lokalen Netzwerks – die teilzeitliche oder ganztägige Versorgung möglichst aller Kinder, deren Eltern dies wünschen – abgebremst werden. Insofern ist die Freiheit der organisatorischen Erfindung Bedingung und Antrieb zugleich.

In außereuropäischen Ländern mit volkspädagogischer Tradition kann man die scheinbar paradoxe Beobachtung machen, daß innovative pädagogische Projekte oft ohne Vertreter der pädagogischen Zunft stattfinden. Mit anderen Worten: Sozio-kulturelle Bewegungen organisieren notwendige pädagogische Einrichtungen und Lernprozesse vielfach selbst, meist an den großen sozialen Peripherien, die zugleich die geringe Reichweite des formalen Bildungssektors markieren.

Im Blick auf die Verhältnisse in der Bundesrepublik liegt es nahe, die Schubkraft von Bewegungen und Organisationen mit einzubeziehen, die ebenfalls nicht (nur) pädagogischer Herkunft sind. Man muß dabei nicht auf die verdienstvolle Tätigkeit von freien und öffentlichen Trägern verzichten, andererseits repräsentieren sie das gemeinte dynamische Moment nicht oder jedenfalls nicht in zureichender Weise. Gewonnen werden könnten auch und vor allem Initiativen innerhalb beispielsweise der Frauenbewegung, der Gewerkschaften, der Kirchen, der Migranten- und Immigrantengruppen.

Mitwirken könnten darüber hinaus Vereine der verschiedensten Art, speziell solche, die jenseits üblicher Eltern-Kind-Gruppen angesiedelt sind. Wenn im internationalen Stereotyp Deutsche als Vereinsmeier gelten, dann steckt darin ja ein Körnchen Wahrheit, das hier hilfreich sein könnte: Es gibt viele nachbarschaftsstiftende Vereine, und es gibt viel Wissen darüber, wie man sie gründet und betreibt. Als mögliche Partner – besser: Paten – für die hier gemeinten Zwecke der

Vernetzung und Versorgung sind sie bisher nicht ins Blickfeld geraten."

Darstellung einer vernetzten Arbeitsweise im Kindergarten – Öffnung nach innen und außen – Zukunftsorientierte pädagogische Wege?

Das Berufsbild der Erzieherin

Die heutige gesellschaftliche Stellung des Kindergartens entspricht in keiner Weise der tatsächlichen geleisteten pädagogischen Arbeit der Erzieherin. Im Vergleich zur Schule ist die Darstellung der Kindergartenarbeit wesentlich schwieriger und über das Kind nicht nachweisbar.

Schlagwörter wie „Basteltante" im Kindergarten oder das jährliche Sommerfest sagen nichts über die differenzierten, pädagogischen Inhalte einer (gut geführten) Kindertagesstätte aus.

Diese Gedanken bewogen mich, eine pädagogische Konzeption aufzubauen, mit der wir das Berufsbild der Erzieherin in ein gesellschaftlich richtiges Bild rücken und den *Kindergartenalltag* nach außen so darstellen, daß wir alle in der Verantwortung zum Kindergarten stehenden Personen und Institutionen ansprechen.

Verantwortung für den Kindergarten

Soll Kindergartenarbeit nach außen transparent dargestellt werden, steht zunächst der Träger in wichtiger Verantwortung zum Kindergarten. Laufende Informationen und die kontinuierliche Einbindung in den Kindergartenalltag ist von großer Bedeutung. Ein paar praktische Beispiele zeigen, wie selbstverständlich, jedoch personenabhängig so eine Zusammenarbeit aussehen kann. Im Rahmen von Dorferkundungen spielten die Kinder im Pfarrgarten, beobachteten die Lebensvorgänge am Teich, bauten im Winter Schneemänner oder bewunderten die Krippe im Pfarrhaus. Spontane gegenseitige Besuche sind zur Selbstverständlichkeit geworden. Zum Alltag gehört auch der Erfahrungsaustausch während der Dienstkonferenzen, der gemeinsame Aufbau von Familiengottesdiensten oder die Einbindung des Trägers bei den zahlreichen kirchlichen Festen im Kindergarten.

Nächster wichtiger Ansprechpartner sind die Eltern. Beim täglichen Bringen und Holen der Kinder bieten sich zahlreiche Kontaktmöglichkeiten. Wenn die Eltern unseren *Kindergartenalltag* richtig verstehen, haben wir eine große Gruppe Verantwortlicher erreicht.

Offene Elternarbeit – eine Notwendigkeit

Alle Eltern zu erreichen ist utopisch und auch nicht notwendig. In jedem Kindergarten lassen sich interessierte Eltern finden, und die gilt es entsprechend ihrer Neigung zur aktiven Kindergartenarbeit zu motivieren. Das Gremium Elternbeirat bietet sich als überschaubare Gruppe und ist uns auch zu schade, um nur Feste zu organisieren oder Kuchen zu backen. Als Mittler zwischen Kindergarten und der Gesamtheit der Eltern informiert er über alle wichtigen Angelegenheiten im und um den Kindergarten durch Presseberichte und die regelmäßige Herausgabe der „Pumuckl-Zeitung".

Diese Aufwertung in der Elternschaft (aus Sicht des Kindergartens) ließ die gemeinsame Idee reifen, fest organisierte, aktive Elterngruppen zu bilden.

Seit zwei Jahren sind nun für die Aufgabenerfüllung des Elternbeirates folgende Arbeits- und Interessengruppen für den Kindergarten tätig:

1. Gruppe: „Pumuckl"-Redaktion (Kindergartenzeitung)

2. Gruppe: Kreative Gruppe (z.B. Gestaltung von Bastelabenden, Mithilfe bei der Ausstattung der neuen Räume, Organisation von Elterntreffs, Theater spielen...)

3. Gruppe: Mitarbeit beim Projekt „Landkindergarten" (Gestaltung Gartenanlage)

4. Gruppe: Pressearbeit; Lokalpresse, Münchner Kath. Kirchenzeitung;

5. Gruppe: Gestaltung Familiengottesdienst, Vertretung im Pfarrgemeinderat

6. Gruppe: Medien und Fotos für den Kindergarten, Mitarbeit „Pumuckl"

7. Gruppe: Organisatorische Aufgaben, Fortbildungsveranstaltungen für Eltern

Ein paar praktische Beispiele sollen die Arbeit der verschiedenen Elterngruppen durchschaubar machen.

Im sogenannten „Pumuckl" wird der Kindergartenalltag nach außen getragen. Die Redaktionsgruppe wird gebildet aus festen Elternvertretern (1. Gruppe) und der Kindergartenleitung. Durch laufende Informationen seitens des Kindergartens haben diese Eltern einen aktuellen Stand über die Inhalte ihrer Einrichtung. Interviews mit Kindern, wichtige Termine und Veranstaltungen oder der momentane Inhalt der situativen Arbeitsweise werden vom „Pumuckl“ aufgegriffen und an die Eltern, Schule, Träger, Gemeinde weitergegeben.

Wichtig ist uns dabei, daß auf diesem Weg *Eltern Eltern* informieren.

Diese Multiplikatorenfunktion der Eltern führen zu einer breiten Informationsbasis, die den Kindergarten mit vielen Ideen bereichert, aber auch entlastet. Informierte Eltern sind zufriedene Eltern! Entscheidungen, die miteinander getroffen werden haben eine andere Tragweite, und Konflikte können vermieden werden. Die Verständigungsbasis wächst.

Ein weiteres Beispiel ist die Zusammenarbeit von Kindergarten, Träger, Eltern und Schule bei der Gestaltung der regelmäßigen Familiengottesdienste. In der gemeinsamen Konzeption sind Inhalte für den Kindergarten (Schule) enthalten, die thematisch in den Einrichtungen mit den Kindern erarbeitet werden. Ein gemeinsames Singen (oder Gestalten) für interessierte Eltern und Kinder (auch Schulkinder) wird von der Elterngruppe „Familiengottesdienst“ zur Vorbereitung im Kindergarten angeboten und durchgeführt. Eigenständige Gestaltungsinhalte während der Messe sind für Eltern und Kinder mittlerweile selbstverständlich.

Solche Aktionen tragen dazu bei, den Stellenwert des kath. Kindergartens in der Pfarrei zu stärken und den jungen Familien, vor allem den Kindern den Erlebnisbereich Kirche wieder neu zu erschließen.

Der Gedanke, diese aufgebaute Elternarbeit zu festigen, ließ uns einen Verein gründen, in dem eingearbeitete, interessierte Eltern die Möglichkeit haben, begonnene Arbeiten weiterzuführen und aufzubauen.

Kontinuierliche Elternarbeit im Kindergartenverein

Dieser Verein stellt sich in den Satzungen die Aufgabe, den Betrieb des Kindergartens zu fördern und pädagogisch zu unterstützen. Der Verein stellt kindergartenübergreifend eine Brücke zur Schule, Gemeinde und zum Dorfleben dar. Die wichtige enge Zusammenarbeit mit dem Elternbeirat ist über ein delegiertes Mitglied möglich.

Bei regelmäßigen Elterntreffs können z.B. aktuelle Inhalte über die Einschulung mit Lehrern, Erziehern, Elternbeirat und Eltern besprochen werden.

Weitere Ziele des Vereins sind die Unterstützung bei der neuen Gartenanlage, Weiterführung der Patenschaft in Senegal oder die Verbindung zum Partnerschaftskindergarten in Aschersleben (ehem. DDR).

Modell Elternarbeit

KINDERGARTEN

Träger

Elternbeirat
⇒ Elterngruppen
⇒ Multiplikatorenfunktion für andere Eltern

Kindergartenverein
⇒ Schule
⇒ Gemeinde
⇒ Dorfleben
⇒ Vereine
⇒ finanzielle Unterstützung
⇒ Weiterführung begonnener Arbeit

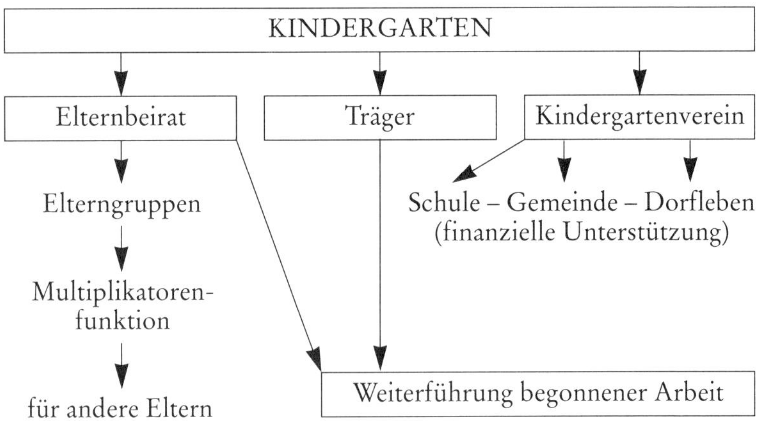

Integration des Kindergartens in das Dorfgeschehen

In das Kindergartenleben sollen Eltern, Dorf, Schule und Gemeinde gleichermaßen Eingang finden. Den Kindern ihr Dorf zu erschließen oder Kinder im Dorf „präsent" zu machen, muß ein wichtiger Bestandteil der „offenen" Arbeit nach außen sein.

Ein großes Kinderfest, veranstaltet vom Elternbeirat, bei dem nahezu alle Vereine des Dorfes mithalfen, verbunden mit einer Fahnenweihe (kindergarteneigene Fahne), war für uns ein Schlüsselerlebnis.

Unser Kindergarten konzentriert sich nicht mehr auf eigene große Feste, sondern beteiligt sich an Veranstaltungen in der Gemeinde.

Die Mitwirkung beim Adventssingen oder am Weihnachtsmarkt zeigten uns sehr gute Erfahrungen. Ein musikalisches Rollenspiel gemeinsam mit dem Kirchenchor ist für das Pfarrfest geplant.

Der Kindergarten trägt dazu bei, daß die Kinder ihren Lebensraum „Dorf" erfahren und kennenlernen. Gemeinsame Erlebnisse von Kindergarten und Elternhaus bei Dorfveranstaltungen verbinden Einrichtung und Familie. Erwachsene Gemeindemitglieder, vor allem auch ältere Bürger, erleben dabei die Arbeit des Kindergartens aus einer ganz neuen Perspektive, was wiederum zu mehr Achtung und Verständnis führt. Weitgehend wird nun auch der Situationsansatz durch diese Inhalte und Erlebnisse im Außenbereich bestimmt.

Öffnung nach innen – ein wichtiger Bestandteil vernetzter Arbeitsweise

Eng verbunden mit der Öffnung nach außen ist die Öffnung nach innen. Durch die Erfahrungen im Außenbereich haben sich, vor allem in den letzten 2 Jahren (Projekt „Landkindergarten") auch im Innenbereich des Kindergartens entscheidende Dinge geändert.

Durch die zunehmende Reizüberflutung für unsere Kinder und die Auswirkungen unserer Leistungsgesellschaft haben sich viele Verhaltensweisen unserer Kinder verändert. Nachdem die Institution Kindergarten die erste Gemeinschaftseinrichtung für Kinder ist, fallen immer mehr Problemkinder in Bezug auf die Gruppe auf. Diese Fälle sind vorwiegend durch unsere Zeit bedingt und erfordern deshalb mehr Aufmerksamkeit und Hinwendung des Erziehers zum Kind. Vielfach werden aber diese Kinder schon frühzeitig aus einer Hilflosigkeit heraus Therapien zugeführt. Oftmals wäre es aber für den Erwachsenen notwendiger, die Sichtweise des Kindes neu kennenzulernen, vor allem selbst wieder Kind zu sein, denn das Kind hat sich in seinen Bedürfnissen nicht geändert.

Dem Kindergarten stellt sich hier in gesellschaftlicher Hinsicht eine wichtige Aufgabe und zugleich eine neue Chance, mit entsprechenden Inhalten negativen Umwelteinflüssen entgegenzuwirken, und Eltern in ihrer Erziehungsaufgabe neu zu unterstützen.

Diese Überlegungen waren Grundlage bei der Erstellung des pädagogischen Konzeptes für die sogenannte „innere Öffnung".

Der Begriff „offen" bedeutet dabei keine zügellose Freiheit, sondern sinnvoll genutzte Freiräume, die dem Kind in seiner elementaren Bedürfniswelt gerecht werden.

Die Notwendigkeit immer wieder zu verändern, aktuell zu bleiben, Signale der Kinder zu empfangen, muß für frühkindliche Einrichtungen eine Gegebenheit sein.

Durch wertvolle Impulse und Ideen des Projekts „Landkindergarten“ wurden gruppenunabhängige zusätzliche Lern- und Spielbereiche geschaffen:

1. Sand- und Matschbereich
2. Medien- und Musikexperimentierraum
3. Werkstatt mit Reparaturservice für kaputtes Spielzeug
4. Erlebnisbereich Rollenspiel mit Bühne
   Wohnbereich
   Kinderbüro
   Verkleidungsecke
   Schminkecke...
5. Bewegungsbaustelle
6. Malatelier mit Meditationsbereich

Diese Räume bieten den Kindern intensives Lernen und Spielen in der Kleingruppe und die Begegnungsmöglichkeit mit anderen. Da die Kinder vorwiegend selbständig in diesen Spielbereichen ihr Tun entwickeln, ist es wichtig, die Regeln einzuhalten, die der Gruppenprozeß an das Kind in Bezug auf Sozialverhalten und im Umgang mit Material stellt. Da die Kinder am Entwickeln und Erstellen der Regeln selbst beteiligt sind, fällt es ihnen nicht schwer, die „Vertragsbedingungen“ einzuhalten.

Durch das selbstgewählte, auf Neigung aufgebaute Spiel, wird das Kind in seiner elementaren Bedürfniswelt noch intensiver angenommen und in seinem Sozialisationsprozeß gestärkt. Vor allem die sogenannten „schwierigen“ Kinder fühlen sich sehr wohl und „fallen nicht auf“. Gerade sie haben die Möglichkeit, ihrem Bewegungsdrang in der „Baustelle“ gerecht zu werden oder Aggressionen abzubauen und nicht verarbeitete Erlebnisse im Rollenspielraum nachzuspielen. (Im Gegensatz zur Enge des Gruppenraumes – lt. Gesetz 52 qm für 25 Kinder und Erzieher.)

Ergänzend zu diesen gruppenunabhängigen Spielmöglichkeiten hat sich inhaltlich der Gruppenraum verändert. Ein großer „Konferenzplatz“ (Freiraum) zum gemeinsamen Treffen und Berichten in der „Heimatgruppe“, Platz zum Ausruhen und sich Zurückziehen und Alternativangebote sind neu.

„Sattgespielte“ Kinder sind ausgeglichene, zufriedene Kinder, die aufnahmebereit für gemeinsame Aktivitäten sind oder bereit für den Schuleintritt. Besonders für vom Schulbesuch zurückgestellte Kinder hat sich dieses Konzept bewährt.

Bedeutung für das Team – die Eltern

Die durchwegs positiven Erfahrungen bei den Kindern (mehr Selbständigkeit, Eigenständigkeit, Vertrauen schätzen, Verantwortung tragen, Entlastung der großen Gruppe, ungestörtes Spiel...) haben sich auch auf die pädagogischen Mitarbeiter und Eltern übertragen.

Der Erzieher ist während dieser offenen Spielphasen ausschließlich Beobachter und Ansprechpartner für das Kind.

Auch Eltern lernen, bei Hospitationen ihre Kinder neu zu beobachten.

Die pädagogische Sichtweise des Erziehers hat sich geändert, da die Kinder außerhalb der Gruppen von verschiedenen Personen beobachtet werden. (Beobachtungen werden schriftlich fixiert.)

Ein Erfahrungsaustausch während der wöchentlichen Dienstkonferenz bringt fachliche Bereicherung.

Eine weitere „Spezialisierung" des Erziehers wird durch den eigenständigen Aufbau der einzelnen verschiedenen Räume praktiziert. So erhält jeder Mitarbeiter (z.T. mit Unterstützung der Eltern) einen neuen zusätzlichen Verantwortungsbereich. Der dadurch bedingte vermehrte Erfahrungsgewinn im speziellen Fachraum wird zusätzlich zu den allgemeinen Inhalten in Konferenzen und Gesprächen an jedes Teammitglied weitergegeben.

Begegnungsstätte „Buchstabenbaum"

Noch in Vorbereitung ist die Elternbücherei „Buchstabenbaum", die eine laufende Begegnungsstätte zwischen Eltern, Erziehern und Kindern sein soll. Bereits während der Planungsphase sind Eltern und Kinder bei der Auswahl der Bücher und an der Organisation intensiv beteiligt. Ziele, wie meditatives Verweilen, die Hinführung der Kinder zum Buch, sowie die Möglichkeit, in zwangloser Runde (bei einer Tasse Kaffee) mit Eltern zu diskutieren, streben wir an.

Am „Tag der offenen Tür" haben Interessierte die Möglichkeit, die neue Bücherei und die umgestalteten Räume im Kindergarten zu besichtigen. Die Kinder werden die Besucher durch eine Ausstellung (Produkte aus dem Malatelier und der Werkstatt) führen.

Gartenanlage – eine Entdeckungsreise

In Planung befindet sich auch die neue Gartenanlage. Die Entwürfe dafür sind dem Konzept der „inneren Öffnung" ähnlich. Auf die richtige Spur brachten uns die Kinder. Sie entwarfen Pläne (Zeichnungen), waren „Architekten" und so entstanden folgende Ideen: Baumhaus, Wasserlauf, Höhlen, Indianerdorf, Fußballplatz, Teich für

Fische, Picknickplatz, Nutzgarten u.v.m. Diese Vorstellungen bedeuten für Kinder eine unerschöpfliche Entdeckungs- und Phantasiereise auf dem Weg in die Natur. Nicht ein Garten mit Geräten, die bespielt werden, soll entstehen, sondern Orte zum *Spielen*, Verändern und Entdecken.

Den richtigen Rahmen und die Bepflanzungen ergänzten Erzieherteam und Elternbeirat. Die endgültige Planarbeit leistete ein Fachmann (Architekt) aus dem Elternbeirat. Mit einer bevorstehenden Umbaumaßnahme soll auch die neue Gartenanlage verwirklicht werden.

Zukunftsperspektiven

Unsere Kinder brauchen Raum, Zeit und wieder verstärkte Zuwendung von Erwachsenen. Verantwortungsträger sind nicht nur die unmittelbar Betroffenen (Träger/Eltern), sondern vor allem der Gesetzgeber. Unterstützung finanzieller Art, Weiterentwicklung der Rahmenbedingungen und Veränderungen baulicher Konzeptionen wären wünschenswert und dringend. (Kindergartengesetz!)

Dabei ist es sicherlich nicht unbedingt nur eine finanzielle Frage, sondern vor allem eine Frage des Umdenkens von Verantwortlichen.

Aus eigener Erfahrung kann berichtet werden, wie schwierig es ist, geeignete Freiräume außerhalb der Gruppe zu finden. Selbst unsere Konzeption baut räumlich nur auf Notlösungen auf. Teilweise werden Kellerräume, der Eingangsbereich, Abstellräume und Zwischenflure benutzt. Ein geplanter Erweiterungsbau soll uns diese zukunftsorientierten Möglichkeiten bieten (im Rahmen der gesetzlichen Bedingungen?).

Heidi Simon, Kindergartenleitung in Tiefenbach/Ast bei Landshut

Der Abdruck erfolgt mit freundlicher Genehmigung des Carl Link Verlages, aus: KiTa aktuell, Ausgabe Bayern, 4.Jg. Juni 1992, Nr. 6, Seite 85–88, ISSN 0936-5982.

Literaturhinweise

Duden, Das Herkunftswörterbuch, Mannheim 1963.
Wörterbuch der Soziologie. Stuttgart 1972.
Becker-Textor/Kappesz/Vocke, Sie haben eine Konzeption für den Kindergarten entwickelt… in: Kita aktuell, Kronach 1990.
Becker-Textor, Der offene Kindergarten – Ort der Begegnung – Zentrum des Gemeinwesens. In: kindergarten heute, Freiburg 1991.
Becker-Textor, Unser Kind soll in den Kindergarten. Freiburg 1993.
Becker-Textor, Warum darf ich nicht rein? In: Welt des Kindes, München 1991.
Ellen Key, Das Jahrhundert des Kindes. Weinheim und Basel 1992.
Janusz Korczak, Von Kindern und anderen Vorbildern. Gütersloh 1979.
Maria Montessori, Die Entdeckung des Kindes. Freiburg 1972, [10]1991.
Jean Paul, Levana. Bad Heilbrunn 1963.
Friedrich Fröbel, Kleine pädagogische Schriften. Bad Heilbrunn 1965.
Albert Reble, Geschichte der Pädagogik. 1975.
Rudolf Seitz, Schöpferische Pausen. München 1993.

Zum Thema *„Haus für Kinder“*, besonders unter dem Gesichtspunkt der *„erweiterten Altersmischung“*:

Amend/Wagner, Diskussionspapier zur Betreuung von Kindern unter drei Jahren. In: Diakonisches Werk Hessen und Nassau „Weltweite Hilfe“, 4/89.
Amt für Kindertagesstättenarbeit in der EKiBB (Hrsg.), Altersgemischt leben, lernen, arbeiten – Erfahrungen mit altersgemischten Gruppen in Kindertagesstätten. Berlin 1985.
Arbeitsausschuß der Landesarbeitsgemeinschaft der Arbeiterwohlfahrt in Nordrhein-Westfalen, Kinder unter Drei in Tageseinrichtungen der Arbeiterwohlfahrt? In: Praxis 35/86 Nordrhein-Westfalen.
Arbeitsgemeinschaft Jugend (AGJ), Stellungnahme der AGJ zur Tagung: „Probleme der Sozialisation von Kindern unter drei Jahren“ (Vorlage zur Fachausschußsitzung 26.11.1980).
Barath, Gabriele, Gemeinschaftserziehung für Kinder unter drei Jahren. In: TPS 3/91.
Beller, Kuno, Zweijährige in den Kindergarten? In: Kinderzeit 1/90.
Briel, R., Bedarfsgerechte Tageseinrichtungen für Kinder. Notwendigkeit, Möglichkeiten und Grenzen der Flexibilisierung von Kindergarten, Hort und Krippe. Zentralverband katholischer Kindergärten und Kinderhorte Deutschland e.V., Freiburg o.J.
Bundesvereinigung Evangelischer Kindertagesstätten e.V., Zur Diskussion: Tagesbetreuung unter dreijähriger Kinder. Positionspapier. Fachverband im Diakonischen Werk der EKD, Stuttgart 1989. In: TPS 4/89.

Carl, Ingrid/Schweiger, Claudia, Planen in einer altersgemischten Gruppe. In: TPS 1/90.

Carl, I./Knau, P./Vogt, H., Erfahrungen aus der Sicht der Erzieherinnen und der Kinder. Familiengruppe: Konzeption für die Ganztagsbetreuung Null- bis Zwölfjähriger. In: TPS 6/87.

Deutscher Caritasverband e.V. (Hrsg.), Die altersgemischte Gruppe für Kinder von drei bis fünfzehn Jahren. Bestandsaufnahme und Perspektiven zu einer Angebotsform in Nordrhein-Westfalen. Freiburg 1990.

Deutsches Jugendinstitut e.V., Projekt: „Einrichtungen für Kinder im Wohnumfeld" (Kornelia Schneider): Tageseinrichtungen für Kinder. Stichwort: Kinder unter Drei. Deutsches Jugendinstitut 3/86.

Diakonisches Werk Bremen e.V./Verband der Evangelischen Kindertagesstätten Bremen, Notwendigkeit der öffentlichen Erziehung von null- bis sechsjährigen Kinder in altersgemischten Gruppen in Bremen. Mai 1989.

Erath, Paul, Argumente für Gemeinschaftserziehung kleiner und großer Kinder. In: TPS 3/91.

Erath, Paul, Abschied von der Kinderkrippe, Lambertus-Verlag, Freiburg 1991.

Fortbildungsinstitut für Pädagogische Praxis (FIPP), „Zusammenleben mit Kleinstkindern" (1. Auflage 1986).

Frauenknecht/Irskens, Probleme der Tagesbetreuung von Kindern unter drei Jahren. Materialien für die sozial-pädagogische Praxis Nr. 4. Eigenverlag des Deutschen Vereins für öffentliche und private Fürsorge. Frankfurt 1983.

Jugendamt Hanau (Ingrid Carl und Petra Knau), Erfahrungsbericht über die Arbeit in der Familiengruppe. Hanau 1987.

Jugendamt der Stadt Wiesbaden (Hrsg.), Das Kindergemeinschaftshaus – Ein Erfahrungsbericht. Wiesbaden 1988.

Kindertagesstätte Vollbrechtstraße, Erfahrungs- und Situationsbericht der Familiengruppe. Rüsselsheim.

Landesjugendamt Hessen, Empfehlungen für die erweiterte Altersmischung in Kindertagesstätten. Wiesbaden 1990.

Landesverband der Evangelischen Kindertagesstätten Bremen, Null- bis Sechsjährige in altersgemischten Gruppen. In: TPS 1/90.

Moyisch, Jürgen, Alternative Kindertageserziehung. Branden und Apsel. Frankfurt 1990.

Petersen, Gisela, Auf die Mischung kommt es an. In: Kinderzeit 1988. Paderborn.

Petersen, Gisela, Kinder unter drei Jahren in Tageseinrichtungen, Band 1. Kohlhammer-Verlag, Köln 1989.

Petersen, Gisela, Erfahrungen mit altersgemischten Gruppen in NRW. in: TPS 3/91.

Preissing, Christa/Prott, Roger, Platz- und Personalbedarf in Tageseinrichtungen für Kinder, Max-Traeger-Stiftung. Frankfurt 1988.

Rose, H., Entstehung und Perspektive aus der Sicht des Jugendamtleiters. Zur Konzeption der Familiengruppe. In: TPS 6/87.

Siebenmorgen, Elisabeth, Die Betreuung von Kindern unter drei Jahren in Tageseinrichtungen. In: Unsere Jugend 1/81.
Simon-Hohm, Hildegard, Gemischte Gruppen in der Kinderkrippe? In: Kinderzeit Nr. 2/90. Paderborn.
Sozialpädagogische Blätter, Die null- bis dreijährigen Kinder oder: was passiert mit unseren Kleinsten? 5/1985.
Sozialpädagogisches Institut (SPI), „Kinder unter drei Jahren in Tageseinrichtungen in Nordrhein-Westfalen." Dezember 1986.
Schneider, Kornelia, Leitfaden zur Betreuung von Gruppeneinrichtungen für Kinder unter drei Jahren. Gewerkschaft Erziehung und Wissenschaft. Frankfurt 1988.
Schneider, Kornelia, Krippen, Bilder, Gruppen-Erfahrungs-Spielräume für Säuglinge und Kleinkinder. F.I.P.P. Verlag Berlin 1989.
Sr. Carlagnese Nanino, Ein katholisches Kinderhaus. In: Welt des Kindes 5/88.
Vogt, H., Vom Baby zum Schulkind. In: Welt des Kindes 1/91.
Zentralverband Katholischer Kindergärten und Kinderhorte Deutschlands e.V., Bedarfsgerechte Tageseinrichtungen für Kinder. DCV-Materialien Nr. 11. Freiburg Br.

Die Textillustratorin stellt sich vor:

Ich heiße Ulrike Oeser und habe
dieses Buch illustriert. Die Bilder
sind Einmal-Drucke und heißen
Monotypien. Ich habe Druckfarbe
mit einer kleinen Linolwalze auf
ein altes Plastickfrühstücksbrettchen
aufgetragen. Dann habe ich vorsichtig
ein Blatt Papier daraufgelegt. Mit einem

spitzen Bleistift habe ich ein Bild gemalt. Dann konnte ich das Papier abziehen. Jede Zeichnung in diesem Buch ist so entstanden. Die Druckspuren gehören dazu. Würzburg im Juli 1992

Ulrike Oeser

Praxisbuch Kindergarten

Für Ausbildung und Beruf

Organisation und Planung

Almuth Künkel/Rita Watermann
Management im Kindergarten
Grundlagen für Leitungsaufgaben
ISBN 3-451-23001-1

Monika Bröder
Gesprächsführung im Kindergarten
Anleitung, Modelle, Übungen
ISBN 3-451-22959-5

Gabriele Haug-Schnabel/Barbara Schmid
ABC des Kindergartenalltags
Der Kindergarten von innen und außen gesehen
ISBN 3-451-22628-6

Helga Fischer
Teamarbeit im Kindergarten
Dienstbesprechungen und Planung – erfolgreiche Beispiele für die Praxis
ISBN 3-451-19328-0

Hans Herbert Deißler
Alltagsprobleme im Kindergarten
Hilfen für ihre Bewältigung
ISBN 3-451-19321-3